Identität ≠ Identität ?!

Was ist meine Identität?

Herstellung und Verlag:
BoD-Books on Demand, Norderstedt
ISBN: 978-3-7460-6658-5

Inhaltsverzeichnis

Die Frage nach der Identität beschäftigt die Menschen seit undenklichen Zeiten. Woher komme ich? – Wer bin ich? – Wohin gehe ich? – Warum mache ich das, was ich mache? So gut wie niemand kann sich dem entziehen. Irgendwann tauchen diese Gedanken auf. Und viele finden bis zum Ende ihres Ablebens keine zufriedenstellende Antwort. Auch bleibt das, was in einem steckt häufig unentdeckt und kommt nie zur Anwendung. Wie kann ich daher mein Potential ausschöpfen bzw. wie erkenne ich wer ich bin? Gehen wir vielleicht mit einer wenig hilfreichen Einstellung an die Auseinandersetzung mit diesem Thema? In diesem Buch will ich analysieren worauf wir als Menschen den Focus legen und was Gott in seinem Wort dazu meint.

Wortdefinition:

Identität (lat. Idem) = derselbe, dasselbe

Bezogen auf: Gegenstand, Objekt, Individuum,

Unterscheidung d. Eigentümlichkeiten,

Charakterisierung

Synonyme = Echtheit, das Selbst, Deckungsgleichheit,

Entsprechung, Gleichartigkeit, Wesens-

gleichheit, Konformität

Identifikation (lat. Idem= derselbe + lat. Facer = machen)

Wiedererkennen einer Person, Übereinstimmung mit

Meinungen, Lebensgefühl + folgende Gleichsetzung

Authenzität (griech. authentikos = echt) = Echtheit

(später lat. authenticus) = verbürgt, zuverlässig,

als Original befunden

**

Einleitung

Warum bekommen die meisten Menschen im Laufe ihres Lebens Probleme? – Und zwar nicht unbedingt körperlicher Art? Es liegt an dem Verständnis wer wir sind und wie wir das ausleben. Ich will hier aus Gottes Sicht beleuchten, was es heißt eine Identität zu haben, Sich zu identifizieren und authentisch zu sein.

Wenn wir uns mit Identität befassen dann, müssen wir uns erst einmal mit dem Wort auseinander setzen. Wie in der Wortdefinition aufgeführt bedeutet das Wort soviel wie dasselbe bzw. derselbe.

Hier wird demzufolge die Charakterisierung, die Entsprechung, die Konformität und die Deckungsgleichheit der Eigentümlichkeiten eines Gegenstandes bzw. eines Individuums, also eines Lebewesens, beschrieben. Ich kann also sagen, aufgrund der Art und Weise und weiterer Komponenten wie eine Person ist, erkenne ich sie wieder. Das wird manches mal durch solche Sätze wie, „Ich erkenn Dich gar nicht mehr wieder!", wenn jemand z.b. entgegen gewohnter Weisee handelt oder, „So kenn ich Dich!", wenn es um die Bestätigung und Bekräftigung geht Dinge anzugehen, deutlich. Und so manch anderer Satz beschreibt etwas, was der eine als Persönlichkeit und die andere als das Eigene Ich bezeichnet.

Aber was macht eigentlich meine Identität aus? – Ist es der zentrale, innere Kern eines Menschen? – Oder ist es das Sammelsurium, das Zusammentragen von innewohnenden Eigenschaften, erlerntem Wissen und Verhaltensweisen? – Oder auch das Aneignen von Meinungen, Ansichten und Gefühlen?

Wir wollen uns in den kommenden Zeilen mit den verschiedensten Dingen, Themen und Aussagen auseinander setzen. Dabei soll es nicht, wie so manch anderes Buch dieses Themas, dazu beitragen alles aufs Schärfste in einer wissenschaftlichen Art und Weise zu beleuchten und auseinander zu nehmen. Schließlich haben wir es in diesem Buch mit Menschen zu tun. Und denen hilft es nicht, wenn es nicht mit ihrem Leben zu tun hat. Was ich jedoch machen will ist, dass wir ein stückweit *den* bzw. *die* erkennen die wir sind. Und wir wollen auch bei negativem Erscheinungsbild schauen, ob es Möglichkeiten der Veränderung gibt. Bereits vor ein paar Jahrzehnten kam verstärkt, und das nicht nur in den Medien, die Frage auf: Wer sind wir und wohin gehen wir? Und auch: Was machen wir und wie wird die Zukunft aussehen?

Sicherlich alles berechtigte Fragen. Jedoch muss man bevor man zu den einzelnen Themen geht, konstatierend feststellen: Es hängt von der Grundeinstellung ab, ob derjenige sich selbst in den Mittelpunkt stellt, ob er ein göttliches Wesen im Leben zulässt oder, ob ein Gott sogar das Leben bestimmt und gestaltet. Wenn ich jedoch unbeachtet lasse, in welchem Kulturkreis oder Ethnie jemand aufwächst dann, wäre es nicht fair und objektiv genug. Auch wenn mir, als jemand in der westlichen Kultur aufgewachsenen, Manches aus anderen Kulturkreisen fremd erscheint. Dennoch, es gibt viele Dinge, welche überall auf dem Erdkreis ähnlich gestaltet sind. Und ich möchte es mit diesem Buch nicht unversucht lassen, den Unterschied zwischen einem Leben ohne Gott und einem Leben mit oder besser gesagt in und durch Gott (dem Schöpfer des Himmels und der Erde[1]) aufzuzeigen.

---

[1] *Jes 44,24*

Die Identität des Menschen, ohne Gott, aus sich selbst

*

Die Familie (Herkunft)

Back to the roots = zurück zu den Wurzeln.
Wie viele Familien gibt es wohl, die ihre Identität aus der Abstammung herausziehen? [2] Der Stammbaum als Vorzeigeobjekt, auf den man stolz ist. Generation über Generation ist man den Gepflogenheiten verpflichtet. Besonders dann, wenn diese auch noch adliger Herkunft sind.[3] Natürlich gibt es bei längerer Familientradition einen Wiedererkennungswert oder auch als „Stallgeruch" bezeichnet. Und nicht selten kommt es vor, dass Jemand auf die Idee kommt um alles aufzuschreiben. Man muss schließlich wissen wer wir sind und mit wem es die Leute zu tun haben. Häufig gilt der daraufhin erfolgte Stammbaum als Vergleichsmittel gegenüber anderen Familien.[4] Ich muss gestehen, dass auch ich nicht davon frei gewesen bin einmal nachzuforschen,[5] wer meine Familie ist und wo wir herkommen. Und auch nachzuschauen, welche Berufe einzelne gehabt hatten. Je tiefer ich aber in die Familienforschung eintauchte stellte ich fest: dass zwar

---

[2] *Ps 10,6*
[3] *1.Sam 18,18 / Spr 17,6*
[4] *1.Tim 1,4 / Tit 3,9*
[5] *Hiob 8,8*

hier und da ein Aha-Effekt auftrat und ich mir Wissen anhäufte, es mir aber nicht zur Identitätsfindung verhalf.[6] Andere hingegen sehen in ihrer Abstammung eine gewisse Verpflichtung. [7]

Dann hört man: „Denk daran Du bist ein/eine …!" Und diese Verpflichtung bewirkt, dass sie nach Jahrzehnten oder sogar Jahrhunderten leicht verknöchert oder starr erscheint. Manchmal sogar so sehr, dass Mitglieder der Familie versuchen auszubrechen.

Familientradition: Hier haben wir schon immer gelebt, so haben wir immer schon gedacht, so haben wir immer schon gewählt, die Krankheiten hat es immer schon in unserer Familie gegeben, so ist es immer schon in unserer Familie gewesen. Und so wird aus einer gewachsenen Struktur sehr schnell eine Art von Gefängnis der ungeschriebenen Gesetze, Vorschriften, Bedingungen und Voraussetzungen. Was zuvor noch mit Stolz, Freude oder auch Wehmut behaftet war, wird dann im Laufe der Zeit dann immer mehr zur Last. Und die Frage stellt sich dann zurecht, ob dies noch „meine" Identität ist. Oder nicht vielleicht doch nur ein Aneignen von vorgegebenen Anforderungen?

Denn, wir stellen doch immer wieder auf unterschiedlicher Art und Weise fest, dass die wahre Identität doch etwas

---

[6] *Pred 7,25 / Hiob 15,18*
[7] *2.Kön 17,41*

anderes sein muss als Ettikette oder Verhaltenskodexe. Im Wort Gottes sehen wir dann auch, die Geschichte des Einzelnen hat ihren Platz. Aber, in scheinbar endlosen Geschlechtsregistern, sagt Paulus zu Timotheus, ist das Potential zum Streit und das führt zu nichts.[8] Weil eben die Wenigsten daraus die richtigen Schlüsse ziehen. Nämlich die richtigen Handlungen aus den richtigen Entscheidungen auszuführen. Diesbezüglich wäre es genauso fatal zu sagen, ich wäre auf das festgelegt, was meine Familie seit undenklichen Zeiten ausmacht.

Einen weiteren Punkt in Bezug auf die Familie möchte ich noch anführen. Es ist die Elternlosigkeit. Ob es sich hierbei um ein Elternteil oder beide Elternteile handelt ist ersteinmal zweitrangig. Denn, hier wird immer ein gewisser Mangel empfunden. Und das, wie ich später noch aufführen werde, in mehrfacher Art und Weise zu Recht.

Es ist nicht von der Hand zu weisen, die stärksten Empfindungen hat ein Mensch seine Identität betreffend in Bezug auf seine Eltern.

---

[8] *1.Tim 1,4 / Tit 3,9*

Und das mag in dem einen oder anderen Fall mehr zum Vater oder eben auch zur Mutter tendieren. Sie sind es, welche Anteil daran haben, dass ich existiere. Und es ist nicht unwichtig, was bereits im Vorfeld ist passiert ist. Denn hier finden sich häufig Gründe, welche es verursachen, dass ich entweder eine positive Identität habe und weiter entwickeln kann oder, dass ich eine gestörte Identität habe und dazu neige mir alles zu erarbeiten oder sogar zu erkämpfen.[9] Wie schön ist es doch liebevolle Eltern zu haben und zu wissen, dass sie das Beste für mich wollen und meine Erziehung und mein Wachstum in geordneten Bahnen abläuft. Und ich meine jetzt nicht ein Ort wie in einem Käfig (wie an anderer Stelle zuvor erwähnt), oder dass meine Eltern Mauern um mich bauen, damit mir ja nichts passiert. Ich denke wirklich an ein harmonisches Zusammenleben und erwachsen werden, reif werden.

Gerade in solch einer Situation ist man leicht geneigt zu sagen: Alles was ich bin und habe, habe und bin ich durch meine Eltern. Aber ist das wirklich so?

Bei dem genauer Betrachten stellen wir doch fest, vieles ist angeeignet und übernommen worden, weil man es für gut und richtig empfunden hat.[10] Und genau in der Pubertätsphase taucht doch häufig die Frage auf:

---

[9] *Buch Ruth / Ri 9,2 / 2.Sam 15,6 / 1.Mose 21,8-21 / Ri 11,1-3*
   1.Mose 29,31 - 30,24 (Das einander Ausstechen von Lea und Rebekka)
[10] *Es dient als Vorbildfunktion / Spr 22,6*

Bin ich das wirklich oder was macht mich aus? – Leider machen an dieser Stelle viele Eltern den Fehler alles zu unterdrücken, um das Kind wieder „in den Schoß der Familie" zu bringen.[11] Natürlich wollen die Eltern das Beste für ihr Kind. Aber an der Stelle, wo es darum geht zu erkennen oder sich auf die Suche zu begeben wer man ist, ist es eher hilfreich, wenn die Eltern ihre Kinder in dem Prozeß dieser Identitätsfindung begleiten. Andererseits gibt es Eltern, welche aus verschiedensten Gründen diesen Raum für die Kinder nicht geben können oder nicht geben wollen. Hier entsteht häufig eine Antihaltung, die sich darin ausdrückt gegen die Eltern zu handeln oder grundsätzlich gegen die Eltern zu sein.[12] Nur wenige gehen denselben Weg der Eltern mit. Und es stellt sich an dieser Stelle die Frage: ist vieles was ich bin, von der Grundlage der Familie her zu sehen oder besteht hier eher eine Identifikation mit Einstellungen, Erlebten und Handlungsweisen?

Und es wird nicht ganz zu unrecht gesagt, dass die Kinder gewissermaßen ein Resultat ihrer Eltern sind und die wiederum ihrer Eltern und die ihrer Eltern usw. und so fort.[13] Wir müssen jedoch erkennen, dass der unmittelbare direkte Einfluß der Eltern umso stärker ist, wie sie anwesend sind und ihre Elternschaft auch ausüben.

---

[11] *Der folgende Ausspruch ist dann nicht selten: „So lange Du hier ...."*
[12] *Siehe die Studentenunruhen Ende der 60er Anfang der 70er des 20. Jahrhunderts.*
[13] *„Du bist genauso wie Dein Vater/Deine Mutter!"*

14

Allerdings stellen wir mit voranschreiten der letzten Jahrhunderte fest, dass dies immer weniger auf die Familien zutrifft. Und ich wage zu behaupten, dass mindestens 50% der Kinder unter ihre Elternlosigkeit leiden. Ich möchte hier nur ein paar Beispiele aufzeigen. Nehmen wir eine einfache Familie aus der Gesellschaft. Es ist doch festzustellen: Es gibt immer mehr Familien in denen beide Elternteile arbeiten müssen. Und wenn die Eltern von der Arbeit kommen sind sie häufig zu erschöpft um sich für die Belange der Kinder zu kümmern. Und somit sind sich die Kinder immer mehr selbst überlassen und damit den Einflüssen außerhalb der Familie ausgesetzt.[14] Es geht sogar soweit, dass die Kinder zum Unterhalt der Familie mit beitragen müssen, weil es für das alltägliche Leben nicht mehr reicht.[15] Ein weiterer Punkt ist die Abwesenheit eines Elternteils, der sich negativ auf die Entwicklung meiner Identität auswirkt. Und dies nicht erst seitdem es immer mehr Fernsehsendungen gibt, wo der eine oder andere Elternteil gesucht wird.

Hier gibt es auch die verschiedensten Ursachen wie Trennung durch Flucht, Trennung durch behördliche Auflagen, Trennung durch Krieg und seine Auswirkungen und auchTrennung durch Krankheit mit Todesfolge sind

---

[14] *Süchte, Kriminalität, Ersatz Befriedigungen / Spr 29,15*
[15] *Siehe: Die industrielle Revolution / Buch über die Schwabenkinder / oder die Kriegswaisen*

nur ein paar Beispiele. Es ist doch im wörtlichen Sinne bemerkenswert, wie sehr der Mangel bei Kindern empfunden wird; und wie selbst im hohen Alter dieser Mangel noch spürbar wirkt.[16] Solch eine Situation prägt zum Teil meine Identität. Bei dem Einen stärker, bei dem Anderen weniger stark. Allein aus diesem Grund ist es eine Unmöglichkeit, dass gleichge-schlechtliche Beziehungen Kinder adoptieren, aufziehen und dabei meinen, es wäre Alles in bester Ordnung. Hier widerspreche ich weder dem Wunsch, noch der guten Absicht. Aber – auch wenn die Menschen, welche ohne Gott leben den Plan Gottes ablehnen, muss es doch klar sein, dass selbst aus der Evolution heraus Mann und Frau, männlich und weiblich, die Basis für eine gut harmonierende Familie ist und zwar nur daraus. Ein Mann kann keine Frau ersetzen und eine Frau kann keinen Mann ersetzen. Das wird selbst bei einer Umwandlung/ Operation nicht verändert. Mann und Frau sind sich zu verschieden, als dass sie sich ersetzen können. Jedoch sind sie in ihrer Ergänzung fast unschlagbar. Was tun wir den Kindern an, wenn wir, aus welchen Gründen auch immer ihnen ein Elternteil entziehen. Allerdings erleben wir hin und wieder bei Kindern eine interessante Entwicklung. Trotz des Mangels führen die meisten Kinder ihr Leben als Erwachsene weiter. Zwar mit einem gewissen „Makel"

---

[16] *Ruth 1,20 / 1.Mose 24,67 / Ps 27,10*

aber, vielfach wird dieser in der tiefsten Tiefe der Seele verborgen. Sodass dieser Verlust/ Mangel manchmal sogar ein Leben lang nicht an die Öffentlichkeit dringt. Um doch am Ende des Daseins wieder in Erscheinung zu treten. Die zuletzt beschriebene Situation zeigt mir unter anderem deutlich auf, dass egal wie die Familien-verhältnisse sich gestalten, meine Identität muss mehr als die Identifikation mit und durch die Familie sein.

*
Die Namensgebung

Der nächste Punkt einer Identitätssuche ist der Name[17] insbesondere der Vorname. In manchen Fällen in der Vergangenheit auch der Nachname. Während der Nachname sich vielfach auf die Abstammung (Sohn/ Tochter von ...), oder auf die Geburtszeit (Sommer, Winter usw., auch Monate – April, Juli, August etc.), oder dem Geburtsort (die Stadt, das Gebiet, das Land etc.), oder auch auf den Beruf (Schmidt, Meier, Müller usw.) bezieht, ist der Vorname doch noch umso wichtiger. Denn der Vorname ist mein Rufname. Egal wo ich mit meinem Rufnamen angesprochen werde weiß ich, ich bin gemeint. Wird irgendein anderer Name aufgerufen, fühle ich mich nicht angesprochen. Das zeigt mir, dass mein Rufname zu meiner Identität dazu gehört. Nun gibt es auch hier die

---

[17] *Name (aus dem indogermanischen)* = Benennung

verschiedensten Möglichkeiten, wie ich zu meinem Namen gekommen bin. Und ich meine hier nicht irgendwelche Verniedlichungsformen oder Abkürzungen. Nein, es geht um den Namen, welcher mir ganz zu Eigen ist. Und an dieser Stelle will ich nur kurz auf die Namensgebung zu sprechen kommen. In dem einen oder anderen Fall ist die Kultur, aus der ich komme, dazu wichtig. So suchen manche Eltern die Namen nach den verschiedensten Aspekten für ihre Kinder aus. Diese sind: Aktuelle Modenamen (sie kommen zeitlich begrenzt vor). Leider kommen sie dann auch so gehäuft vor, dass sie der jeweiligen Person oft nicht entsprechen. Diese Vereinheitlichung könnte ich überspitzt sagen wäre ein Angriff auf die Persönlichkeit, welche zum Leben kommt. Allerdings kann anhand der Namen z.B. festgestellt werden, wann derjenige geboren wurde. Denn wer würde heutzutage sein Kind Friedhelm[18] oder Leontine[19] nennen. Man würde doch sagen, es passt (trotz deren Aussagen) nicht in unsere Zeit. Genauso wie es in der Vergangenheit üblich war ein Kind nach einem vor ihm lebenden oder auch verstorbenen Verwandten zu bennen. Oder der für manch Einen verwirrende Brauch unter den Friesen, wobei ein Teil des Nachnamens zum Vornamen wurde.

---

[18] *Zusammensetzung aus den Namen Friedrich (= ruhiger Herrscher) und Wilhelm (= aus Wille und Helm/Schutz)*
[19] *Weibliche Form von der Kurzform Leo (lat. Löwe) griech. Leon*

Ein weiterer Aspekt ist dem Kind einen schönen, wohllautenden Namen zu geben. Dies sind z.B. Heide[20] oder Jasmin[21] für Mädchen und für Jungen Leon[22] oder Patrick[23]. Natürlich darf man den Aspekt der Länder oder Ethnien, spezifischer Namen nicht außer acht lassen (u.a. afrikanisch Simba[24] oder chinesisch Lien[25]) Noch ein Aspekt ist der des Glaubens. Ob es nun der eines biblischen Namens wie Samuel[26] oder ein Name aus dem Hinduistischen (Sanskrit) wie Bhasa[27] wäre. Mit dieser Namensgebung wird dann z.b. angezeigt, welcher Glaubensrichtung die Familie zugehört bzw. das Kind zugehören soll. In manchen Fällen wird das Kind sogar demjenigen Gott geweiht. Der letzte Aspekt der Namensgebung, welchen ich anführen möchte ist ein Aspekt, welcher in der heutigen Zeit mehr und mehr in den Hintergrund getreten ist. Nämlich, der Aspekt dem Kind durch den Namen einen Segen mitzugeben. Oder auch um eine bestimmte Eigenschaft des Kindes (wovon die Eltern überzeugt sind, dass dies auf das Kind zutrifft)

---

[20] *Kurzform z.B. von Adelheid (althochdeutsch „Adal" = vornehm, edel und aus „heit" = Art)*
[21] *Aus dem Persischen jasamin = Bezeichnung für die Blume gleichen Namens welche als Sinnbild für Schönheit und Reinheit galt.*
[22] *Griechisch Leon = Löwe*
[23] *Aus dem Lateinischen Patrizius = der Vornehme/ der Edle*
[24] *Aus dem Afrikanischen = Löwe*
[25] *Chinesisch = Lotusblüte*
[26] *Hebräisch = Von Gott erhört*
[27] *Der Lichtmacher (Eine Bezeichnung des Gottes Shiva)*

hervorzuheben. Jeder dieser erwähnten Aspekte hat etwas für sich und entbehrt keineswegs einer gewissen Logik. Und bei dem einen oder anderem Kind scheint der Name auch zur Person zu passen. Bei anderen wiederum weniger. Das zeigt mir, dass Namen doch nicht Schall und Rauch sind. Sie haben eine Bewandnis. Dennoch kann ich nicht aufgrund des Namens zwangsläufig auf die Person schließen, wie und wer sie ist. Der Name ist Teil meiner Identität aber, er ist nicht meine Identität. Er kann es jedoch werden (dazu komme ich aber später noch einmal darauf zurück).

*

Heimat[28]

Wenn ich über Identität schreibe dann, gehört ein großer Teil zum Bereich der Heimat. Hier bin ich geboren, aufgewachsen, hier lebe ich und hier sterbe ich. Durch manche Aussagen höre ich, wie auch die Heimat der Eltern mit hinzugezogen wird. Wer kann sich davon frei machen zu sagen: Dies ist mir alles so vertraut, das ist ein Teil von mir!?

Und für so manchen Menschen bedeutet dies zu verleugnen, hieße sich selbst zu verleugnen. Gerade die Heimat zu bewahren und zu schützen, um alles so zu

---

[28] *Aus dem Althochdeutschen „heimoti" = ethymologisch für den Stammsitz des- bzw. derjenigen*

erhalten, wie man es gewöhnt ist, ist nicht wenigen ein Lebensanliegen. Warum? Weil ich den Eindruck habe, dass wenn irgendetwas nicht mehr so sein sollte, wie ich es kenne, mir die Heimat verloren gegangen ist. Daher ist Heimat in *diesem* Sinne ein Stückweit ein subjektives Gefühl. Auch hier wollen wir uns ein paar Aspekte anschauen. Und bevor wir das tun, möchte ich darauf hinweisen, dass Heimat ein unzweifelhafter Teil meiner Identität ist. Aber kommen wir nun zu den Aspekten, der Identität durch die Heimat uns diese genauer anzuschauen. Natürlich gibt es genügend Menschen, die noch nicht einmal die Ortschaft seit ihrer Geburt verlassen haben. Aber es gibt auch viele Andere, die nicht mehr dort leben, wo sie einst herkamen. Nehmen wir einmal nur einen Umzug der Arbeit wegen. Dort wo ich bisher gelebt habe, gibt es nicht mehr genügend davon und so bin ich „gezwungen" mir einen Ort zu suchen, wo ich weiter arbeiten und leben kann. Auch ein Umzug der Liebe zu meinem zukünftigen Partner/ Partnerin bringt mich, in manchen Fällen, dazu mein gewohntes Umfeld zu verlassen. In diesem Fall, ist dann das Gefühl stärker und die Neugier auf das Neue stärker, als in dem Altbekannten zu verharren. Auch Flucht und Vertreibung bringen mich dazu die angestammte Heimat zu verlassen. Wieviele leiden noch nach Jahren oder sogar nach Jahrzehnten darunter ihre geliebte, vertraute Heimat

gezwungenermaßen verlassen zu haben?
Und der letzte Aspekt bezüglich Heimat ist die der
freiwilligen Aufgabe um einer Berufung, ein Ziel zu
verfolgen. Allen jedoch ist eines gemeinsam. Wenn ich erst
einmal ein paar Jahre an dem neuen Ort seßhaft
geworden bin, hört man so etwas wie: „Der Ort ist mir zur
neuen Heimat geworden." Oder es wird von der 2. Heimat
gesprochen. Das heißt jedoch nicht, dass die alte Heimat
aus der Erinnerung verschwunden ist. Sie nimmt nur
vielfach nicht mehr den Stellenwert ein, den sie einst hatte.
Daher kann ich wohl zu recht behaupten, dass Heimat ein
Teil meiner Identität ausmacht und mich prägen kann.
Dennoch kann sie nicht ersetzen wer und was ich bin.

*

Titel

Kommen wir nun zu weiteren Punkten, welche auch zu
meiner Identität gehören (nicht beitragen) können und mich
prägen können. Sie bilden aber keine so starke Basis für
meine Identität wie die erstgenannten Punkte. Da diese
sich bei weitem mehr verändern können. Da wäre zum
Beispiel der Bereich von Titel, die mir entweder durch
Geburt (z.B. Adelstitel), durch Ehrungen (Doktortitel,
Anerkennungen durch Auszeichnungen) oder durch
errungene Leistung (Diplome, erarbeitete Würden,
Doktortitel) zu Eigen geworden sind. Natürlich können

22

auch diese Dinge einen Menschen prägen. Aber machen sie den Menschen aus? – Zum einen ja. Denn, sie machen jemanden stolz etwas zu haben, was nicht jeder hat. Und daraus folgt häufig ein Erhabensein über die Mitmenschen. Aber zum anderen muss auch bedacht werden, dass Titel verloren, aberkannt, verkauft und unter bestimmten Voraussetzungen keine Rolle spielen. Denn in der Vergangenheit und auch in der Gegenwart erleben wir, wie durch persönliches Verhalten, politische Einstellungen und auch gesellschaftliche Umwälzungen die Titel verloren gehen oder keine Bedeutung mehr haben. Und das, was mich erhoben hat, läßt mich unter dessen Verlust mein Leben negativ fortführen. Deshalb können Titel zwar meinen Charakter beeinflussen und vielleicht sogar ein stückweit meine Identität prägen. Aber eben nur ein stückweit. Denn es stellt sich dann doch die Frage: Wer bin ich mit und wer bin ich ohne Titel?

*

Besitz

Genauso sieht es mit meinem Besitz aus. Ich kann mein Leben auf der Tatsache meines Besitzes aufbauen und gestalten. Und es gibt mir eine gewisse Genugtuung und Sicherheit. Der Besitz hilft mir Dinge zu tun oder mir etwas zu leisten, was andere nicht können. Und doch ist dieser offensichtliche Schein trügerisch. Gerade viele der Reichen oder besitzenden Menschen und Familien haben größere Probleme als manch anderer. Wenn wir dabei nur an solche Aussprüche denken wie: „Geld allein macht nicht glücklich" oder auch, daß wenn man einen Reichen anschaut scheinbar der Geiz aus allen Knopflöchern herausschaut. Und wir sehen, dass gerade hier die Angst des Verlustes am Höchsten ist. Andererseits ist auch bei der ärmeren Bevölkerung eine Haltung zu sehen, die sich mit dem Besitztum beschäftigt. Nämlich, indem sie neidisch auf die Anderen schauen. Dabei versuchen sie häufig an dieselben Annehmlichkeiten zu kommen und zwar auf die verschiedenste legale oder auch illegale Weise. Durch die hin und wieder zur Schau getragene scheinbare Ungleichheit, fühlt sich so mancher in seiner Stellung und Haltung bestätigt. Doch hat das mit Identität, Würde und Eigenverständnis zu tun?

Zumal in manchen Fällen der äußere Schein nicht der eigentlichen Persönlichkeit entspricht.[29] Letztendlich ist es doch so wie das Sprichwort sagt: „Das letzte Hemd hat keine Taschen". Und Besitztum, kann mir nicht zu meiner Identität verhelfen. So mancher erkennt dann am Ende seines Lebens, dass nicht er/sie das ausgelebt hat wer er/sie ist sondern, dass er sich vom schönen Schein hat blenden und treiben lassen.

---

[29] *Spr 11,16.22 (und das nicht nur bezogen auf Frauen) / Spr 13,7.23 / Spr 28,22*

*

Wissen

Der nächste Bereich ist das Wissen. So mancher Mann, so manche Frau, definiert sich über das, was er/sie weiß. Und vielleicht ist der Wissensdurst in unserer Zeit so groß geworden, wie die Möglichkeiten an Wissen zu kommen immens gewachsen sind. Wir sind mittlerweile zu einer hochtechnologisierten Informationswelt geworden. Sodass beinahe jede Stunde genutzt wird, um an die neuesten Informationen über Alles und Jeden/Jeder zu kommen. Sich darstellen und Angesehen werden sind hier die Devise. Schließlich sagen uns auch die Wissenschaftler, dass wir gerade einmal 10% unseres Gehirns nutzen. So beginne ich mit jeder erdenklichen Information die Zellen meines Gehirns aufzufüllen. Und dies mache ich, um ja mitreden zu können. Hast Du schon gehört, hast Du schon gesehen? – Und wer nichts weiß oder nicht mitreden kann, steht schnell außen vor und befindet sich sogar auf dem Abstellgleis; Verwendungs-zweck unbekannt. „Wissen ist Macht", wie es Manchem dann lapidar von den Lippen kommt. Und schon beginnt ein Hauen und Stechen um die besten Plätze im Rampenlicht, ohne jedoch in dem einen oder andern Fall erklären zu können ob die neuen Inovationen und Geistesblitze uns auch wirklich helfen. Jedenfalls – von der uns umgebende Informationsflut, wurde einmal eine Hypothese aufgestellt, wäre der Durchschnittsbürger in unserer heutigen Zeit schlauer und wissensreicher als mancher Gelehrter der Jahrhunderte zuvor. Und doch kommt es ja immer noch darauf an, wie ich mit meinem Wissen umgehe. Und wir erleben, dass so manches Wissens – „Genie" im Leben mit seiner Umwelt nicht zurecht kommt. So manches Genie setzt dann sein Wissen in sogenannte Kriminelle Energie um. Warum?

Weil es einen Kitzel gibt; über das was möglich ist und was man erreichen kann; und alles nur aus Langeweile. Bei Anderen stellt sich die Frage des Wofür in anderer Hinsicht dar. Man versucht immer mehr Erleichterung durch Technik in den Alltag zu bringen, bedenkt aber nicht dabei, dass er (der Mensch) sich dadurch in gewisser Weise sogar selber abschafft. Weil z.B. ein Roboter seine Arbeit übernimmt. So wird unter anderem Wissen als Kapital angesehen, selbst dann, wenn es unnützes Wissen ist, welches in den Ohren kitzeln soll. Aus den genannten Gründen sehen wir also: Wissen ist doch nicht der Weisheit letzter Schluß. Und meine Identität kann nicht solche sein, die auf der Basis von Wissen aufgebaut sein kann. Denn, gerade am Ende eines solchen Lebens stellt sich heraus, man hätte mehr aus seinen Möglichkeiten machen können, sollen oder sogar müssen. Und eine Unzufriedenheit stellt sich ein.

*

Arbeit

Ein nächstes Thema ist die Identität in oder soll ich besser sagen durch die Arbeit. Schon in jungen Jahren wird der Mensch dahin gebracht zu erkennen, dass er nur ein vollwertiges Mitglied einer Gesellschaft sein kann, wenn er seine Arbeitskraft mit in die Gesellschaft einbringt. Du bist nur so lange gut und akzeptiert, wie du funktionierst. Und es stellt sich bei manchen die Frage: funktionieren, für wen? – Denn, je mehr die Gesellschaft sich in seinen Ansprüchen entwickelt, desto mehr bleibt der Einzelne, als Mensch, auf der Strecke.[30]

Ein anderer Punkt ist, die Arbeit ist dafür da den Lebensunterhalt zu verdienen. Natürlich entbehrt es nicht der Tatsache, um zu leben oder zu überleben, muss ich damit ich Alles an Nahrung und Kleidung habe etwas tun. Auch die Wohnung spielt darin eine Rolle, genauso wie die eine oder andere Annehmlichkeit. Einige müssen schon früh zum Unterhalt der Familie mit beitragen, so dass Träume, Wünsche, Pläne sogar zurückgestellt werden oder werden müssen.[31] Dann stellt so mancher nach Jahren fest, was ist aus all den Plänen geworden?

Und nur allzu oft wird erkannt, wieder dorthin zu kommen,

---

[30] *Siehe: Industrielle Revolution, Das Ausnutzen des Menschen in verschiedenste Bereiche und in der Folge ist die Armut aus Profitgier der anderen selbst hergestellt.*

[31] *Siehe u.a. das Schicksal der Schwabenkinder*

wo meine Pläne waren, scheint eine fast unlösbare Aufgabe. Jedoch sehen wir auch, dass mancher/manche so in seiner Arbeit aufgeht, dass es scheinbar kaum etwas anderes neben der Arbeit existieren kann. Wie häufig habe ich Menschen getroffen, die durch die Arbeit, welche sie gemacht hatten, krank geworden sind, weil sie den Ansprüchen Anderer oder sich selber nicht mehr genügen konnten.[32] Oder wenn sie dann die angesetzte Zeit erreicht haben und nun im Rentenalter sind, nichts mit der zur Verfügung stehenden Fülle an Zeit anzufangen wußten.[33] Auch habe ich gesehen, dass so mancher diese Zeit nicht genießen konnte. Warum?

Weil die Arbeit eben nicht Alles ist. Und ich meine Identität nicht durch die Arbeit definieren kann. Nur weil ich etwas gelernt habe (z.B. einen Beruf) bin ich es nicht. Genauso wenig, wie jemand einmal gesagt hat, bin ich ein Auto nur weil ich in der Garage stehe.

*

Hobbys

Nein nicht Hobbits, das ist etwas ganz Anderes. Wer kennt denn noch das Wort Hobby zwischen den ganzen Chillen, Wellness, Powerfitness und was es sonst noch alles gibt

---

[32] *Krankheitsbild von Workoholicern*
[33] *Vielfach ist die Sterblichkeitsrate, ein paar Jahre nach Eintritt in das Rentenalter gerade in Mitteleuropa erhöht.*

um sich hängen zu lassen. Und doch gibt es noch Menschen mit einem Hobby. Es ist schön wer ein Hobby hat. Aber – ich höre hier und da manchmal: Ja, Arbeit ist Arbeit, aber wenn ich frei habe dann, kann ich machen, was *mir* gefällt. Dann bin ich, ich selber und nicht was andere wollen, wer ich sein sollte. Versteh mich jetzt nicht falsch wenn ich a b e r sage. Denn ich hab ja gesagt, dass es gut ist ein Hobby zu haben. Und jetzt kommt mein aber. Aber – versucht der eine oder die andere nicht ein Ausgleich/Ablenkung zur Arbeit zu schaffen? – Ist es nicht so, dass mancher auf diesem Wege versucht auf andere Gedanken zu kommen?

Natürlich kann mir die eine oder andere Sache gefallen und ich mache sie gerne. Gerade dadurch wird auch ein Teil, der mir zu eigen, innewohnenden Kreativität ausgelebt. Meine Identität aber darin zu suchen oder finden zu wollen hört zumeist dann auf, wenn die Sache mir langweilig wird und ich etwas Anderes machen will. Identität ist jedoch etwas Bleibendes, etwas was mich als Person ausmacht.

*

Soziale Kontakte

Wie sieht es mit dem Bereich sozialer Kontakte aus? – In der Vergangenheit hatte man nur ein paar Freunde (wenn man sie hatte). Und diese Freundschaften hielten zuweilen ein ganzes Leben lang. Es waren halt Freunde, ob nun Mann oder Frau, dass hatte keine Rolle gespielt. Denn, Freundschaft wurde nicht auf die sexuelle Ebene heruntergezogen. Und heute? - Heute muss man mittlerweile aufpassen, wenn man sagt ich habe einen Freund oder eine Freundin, damit es ja nicht falsch verstanden wird. Hinzu kommt heutzutage, im Zeitalter der scheinbar kleiner werdenden Welt durch das immer größer wachsende sozial media Verständnis, hat man nicht nur mal 5 oder 10 Freunde: Nein es müssen gleich hunderte sein (auch wenn man sie eigentlich gar nicht kennt). Und wenn ich mich nicht mehrmals am Tag melde kommt es fast einem Verbrechen gleich. Sodass es sein kann, dass sich die scheinbaren Freunde von einem zurückziehen. Was zu bestimmten Zeiten sicherlich nicht unbedingt verkehrt wäre, um wieder zum Wesentlichen zu kommen. Aber so manche Jugendliche und auch immer mehr Erwachsene sehen ihre Identität darin, wie andere über sie denken, was andere davon halten was sie essen, wie sie gerade aussehen, wie sie sich kleiden oder auch wie sie ihre Freizeit gestalten, geschweige wie sie ihren Alltag bewältigen. Interessanter Weise werden auch die Partnerschaften mehr und mehr über das www (world wide web) geknüpft. Für mich sieht es dabei jedoch so aus, dass die Fähigkeit zu einer direkten Kommunikation mit einem direkten Gegenüber darunter leidet. Und je mehr ich von andere Menschen in diesen Netzwerken höre und erlebe, stellt sich mir die Frage: Ist *meine* Identität von dem abhängig, was andere über mich (und zu mir) sagen, wer ich bin? – Oder weiß ich vielleicht selber nicht wer ich bin?

Dann habe ich natürlich ein Problem. Denn dann lebe nicht ich mein Leben, sondern mein Leben wird von Anderen gelebt.

*

Geselligkeit

Wenn man dieses Wort hört kommen einen automatisch gewisse Klischees in den Sinn. Die Einen sind als Partytiger verschrien Andere brauchen es, dass immer irgendetwas läuft. Es gibt in deren Leben kaum eine ruhige Minute. Häufig steht es auch im Zusammenhang mit Alkohol oder anderen Drogen. Es kann bzw. darf in deren Leben keinen Stillstand geben. So manches mal habe ich die eine oder andere Person angeschaut und mich gefragt: Warum eigentlich nicht? - Warum darf es keinen Stillstand geben?

Vielfach habe ich festgestellt, dass sie meinten etwas zu verpassen oder, um nicht mit sich selber allein zu sein. Also in die Lage zu kommen sich selber zu reflektieren, um sich dann etwas eingestehen zu müssen. Eines ist doch klar – schöne, große oder sich ständig ändernde Events werden nicht zwangsläufig einen Einfluß auf meine Identität haben. Selbst dann nicht wenn sie sich noch so sehr in einer Ich-Beschau drehen. Dennoch will ich nicht abstreiten, dass diese Events in dem einen oder anderen Fall schon einmal Einfluß auf meine Identität ausüben können. Aber eben nicht als Dauerlösung. Und wenn die Sache, was immer es auch sein mag, zu Ende ist, bin ich doch wieder mit mir alleine. Daher ist es denkbar ungünstig meine Identität in Geselligkeit und Events finden zu wollen.

*

Schönheit

Schönheit, jugendliches Aussehen und die Erhaltung von Jugend ist ein Ideal, welches schon seit Jahrhunderten, was sage ich, seit Jahrtausenden nachgestrebt wird. Und in der Vergangenheit hat so manche Frau ihre Identität in der Schönheit gesucht. Heute, im Zeitalter der Werbeindustrie, ist es auch immer mehr die männliche Bevölkerung. Aber lasst mich einmal einen Blick darauf werfen, was dem Zugrunde liegt. In der Psychologie und Verhaltensforschung würde man jetzt sagen: Ist doch klar. Wer schöner, gepflegter, gesünder, kräftiger aussieht, dem traut man in der einen oder anderen Sache mehr zu. Sei es im Geschäftlichen oder in der Familienplanung sind diese Menschen, welche sich durch solche Eigenschaften aus der Masse hervorheben, bevorzugt. Zudem schwingt in dem allen eine leichte Tendenz ewig leben zu wollen mit.[34] Und die medienwirksame Werbeindustrie und die Pharmaindustrie unterstützen und bekräftigen diese Gedanken zu dem auch noch. Ist es denn verkehrt gut auszusehen? – Keineswegs. Und warum sollte ich nicht hin und wieder etwas tun, was für meinen eigenen Körper gut tut. Aber in den vorherbestimmten Schönheitsidealen meine Identität zu suchen, halte ich persönlich für gefährlich. Woher kommen denn solche Krankheiten wie Magersucht, Klaustrophobien oder ein nicht mehr aufhören können hier etwas absaugen zu lassen oder dort etwas hinzuspritzen?

Und ich spreche h i e r durchweg von den Schönheitsidealen, welche von Wenigen gesteuert eine ganze Gesellschaft beeinflussen kann. Es geht hier nicht um medizinische Notwendigkeiten. Was passiert denn, wenn jemand diesen sogenannten Schönheitsidealen nachjagt?

Ich meine doch damit, mich selber und meiner Umwelt, der Gesellschaft, nicht zu genügen. Und dann werden alle möglichen und unmöglichen Szenarien aufgezeigt, warum die eine oder andere Sache unbedingt notwendig wäre zu machen oder machen zu lassen. Hinzu kommt ein weiterer Aspekt nämlich, dass in den letzten Jahrzehnten die Möglichkeiten durch die Forschung, eine körperliche

---

[34] *Die jahrhunderte alte Suche nach dem Jungbrunnen*

Veränderung herbei zu führen, immens gestiegen sind. Was früher nicht möglich war ist heute schon fast selbstverständlich. Und vielfach alles nur, um angesehen, bewundert und beachtet zu werden. Da löst dann z.b. eine Diätwelle die andere ab. Dasselbe geschieht in der Modebranche. Hier muss es ein immer klangvollerer Name der Designer, immer teurer sein, um etwas herzumachen. Egal ob einem/ einer das Kleidungsstück nun passt oder steht oder eben nicht. Und dies geht sogar so weit, auch ein Geschlecht umwandeln zu lassen.

Viele merken dabei nicht, dass sie sich bereits in die Masse von Menschen, die nach den Jungbrunnen ewiger Jugend suchen, eingereiht haben. Leider stellt dann so mancher fest; ich kann meine Jugend nicht festhalten. Und Alles, was ich in dieser Welt des schönen Scheins für meine Identität gehalten habe, war antrainiertes Verhalten. Aber nicht meine wahre Identität. Denn, durch das Älterwerden weicht die Täuschung, die ich mir selbst auferlegt habe, meiner wahren Identität.

*

Sport

Wo wir gerade von antrainiertem Verhalten sprechen. Schauen wir uns doch einmal den Bereich des Sportes an. Ob es nun Leistungssport, das Engagement in einer

Vereinsstruktur oder der „Breitensport" (ich nenn es mal Sport der Gesellschaft) ist, der Körper wird beansprucht. In manchen Sportdisziplinen ist auch die Seele involviert. Allen ist aber eines zu Eigen. Ich kann es so extensiv betreiben, dass es scheinbar Teil meines Selbst ist oder wird. Hin und wieder hört man dann den Spruch, dass man mit dem Sportgerät eins werden muss. Ich kann den Sport jedoch nur so lange machen, wie es mein Körper eben mitmacht. Und so mancher bringt sich und seinen Körper in der Gesellschaft so unter Zwang, dass es für ihn fast ein Vergehen ist, wenn er/sie mal eine Trainingseinheit auslässt. Das geht sogar soweit, dass es meinen Körper schadet (z.B. Ermüdungsbruch). Druck und Selbstverdammnis machen sich breit. Doch lass mich einmal weiter überlegen. Was passiert, wenn ich ein Ziel erreicht habe? – Dann sagt jemand vielleicht: Dann such ich mir eben ein neues Ziel! - Und was passiert wenn ich die Ziele, welche vor Augen sind nicht mehr aus meinen körperlichen Möglichkeiten erreichen kann?

Hier wird doch erkennbar, warum sich der Eine oder die Andere neue Herausforderungen suchen, ja förmlich danach jagen. Weil sie Probleme mit dem Leben nach dem Sport oder der sportlichen Betätigung haben. Sie haben ihre Identität durch den Sport definiert und deklariert. Nun stellen sie fragend fest: Wer bin ich ohne den Sport?

Enttäuschung macht sich breit gewisse Ziele nicht mehr erreichen zu können. Vielfach erleben wir dann eine Suche, manches mal sogar krampfhaft, nach etwas, dass wie Sport aussieht. Und dies Alles, um die scheinbare Welt der Identität durch den Sport aufrecht zu erhalten. Auch hier wird mit zunehmenden Alter klar, ich kann mich über einen bestimmten Zeitraum über den Sport definieren. Das, was mich jedoch ausmacht ist mehr als die Prozentzahl, welche durch den Sport geprägt ist.

*

Leistung

Der letzte Bereich welchen ich hier anführen möchte ist der Bereich der Leistung. Ähnliches habe ich schon vorher angesprochen. Hier ist es aber noch ein bißchen diffizieler. Soll heißen: Identität durch Anerkennung von Leistung. Und damit sind nicht nur besondere Leistungen gemeint, sondern auch die alltäglichen. Ich bin nur etwas wenn ich etwas erreicht, etwas geleistet habe. Ob es nun die Beförderung im Job; eine Familie gegründet, ein Haus gebaut, ein weiteren Rekord gebrochen oder dergleichen ist, ist für Manchen nicht ganz unwichtig. Wir leben eben in einer leistungsorientierten Gesellschaft. Und seien es immer weitere Rekorde in Computerspielen zu erreichen. Aber eine noch feinere Art von Leistung, gerade in Bezug auf Identität, wird häufig unterschätzt. Es ist die Leistung zum einen, sich ins Gespräch zu bringen bzw. zu halten und zum anderen, sich unabkömmlich zu machen.[35] Nur wenn ich, durch welche Art auch immer, präsent bin, anwesend bin, werde ich anerkannt und nicht vergessen und bin nicht allein[36]. Ob das, was ich dafür tue nun richtig ist oder nicht, ist zweitrangig. Oder ich arbeite hier, oder helfe dort, oder bin bei jeder Aktion mit dabei, so dass man es sich gar nicht vorstellen könnte, dass es ohne mich geht. Ich möchte einfach nicht austauschbar sein[37]. Ich bin doch auch schließlich wer. Und so werden die verschiedensten Projekte in Angriff genommen. Viele davon bringen nicht das Resultat, was man sich erhofft hat, sondern vielmehr das Gegenteil. Das, was ich mache bin nicht Ich, ist nicht meine Identität, sondern soll mir nur dazu verhelfen. Und so stecken diese Menschen in einem Dilemma. Weil der Mensch eher auf die Äußerlichkeiten schaut, sieht er bei dem Leistungsorientiertsein auch nur das Äußerliche und dieses weicht jedoch häufig von den eigentlichen Absichten ab. Und dieser Mensch erscheint mit zunehmenden Alter zweigeteilt: zwischen dem, was er erreichen wollte und dem was er erreichen konnte bzw.

---

[35] *Schlagwörter wären hier z.b. die Modebranche, die sogenannten It-Girls, auch den Beruf der Kritiker betrifft dies und letztlich auch im negativen Sinne sich auf einer Kriminalitätsschiene zu befinden.*

[36] *In dem einen oder anderen Fall spricht man vom Helfersyndrom.*

[37] *Aus diesem Grund werden häufig Lehrlinge nicht richtig angeleitet, weil sie später eventuell besser als man selber sein könnten.*

erreicht hat. Und die abnehmende Kraft im Alter tut noch ihr Übriges.

*

An dieser Stelle ziehe ich ein Resümee der Identitätsuche ohne Gott und ich möchte hier betonen, dass es die verschiedensten Ansichten darüber gibt, wie jetzt die Identität aussieht oder auszusehen hat. Einige behaupten es wären genausoviele Ansichten wie es Menschen gibt. Wenn man mit dieser Aussage Alle zufriedenstellen könnte, wäre es zu überlegen, darüber nachzudenken. Weil dem aber nicht so ist, müssen wir auch die negativen Seiten einer Identitätssuche ohne Gott anschauen. Und hierbei ist die Enttäuschung noch das Geringste, was mir passieren kann. Enttäuschung, worüber?

Über einen Begriff den ich nun mit einbringen möchte: Authenzität. Ein Begriff, der mich als Mensch in meinen Gedanken, Vorstellungen und Handlungen als echt, als Original, in einer Einheit beschreibt. Das bedeutet authentisch zu sein und dementsprechend zu handeln.

Praktisch gesehen, drückt es sich so aus: Ich weiß wie eine bestimmte Sache schmeckt und mag es nicht, daher werde ich diese Frucht oder was es auch immer ist, in Zukunft nicht essen. Oder ich liebe Kinder, daher ist meine Berufswahl nicht Bankangestellter sondern Sozial-pädagoge oder Kindergärtnerin. Auch bei der Partnerwahl möchte man das echte und nicht nur Schein. Und so könnte man das nun für die verschiedensten Bereiche fortführen. Wie gesagt, an dieser Stelle macht sich nun die Enttäuschung bemerkbar. Nämlich, indem ich feststelle, dass ich nicht das bin, was mich ausmacht oder; nicht das tue, was ich eigentlich machen will. Und dann erlebe ich, dass mich kaum jemand versteht geschweige denn, mich erklären lässt. Die Folge davon ist: ich bin mit mir selber uneins. Hin und her gerissen zwischen Gefühlen, Wille und rationalem Denken. Und dies bezieht sich nicht nur auf die Frauen, wenn sie z.B. Schuhe einkaufen gehen. Eine Auswirkung davon sind, unter anderem, Minderwertigkeitsgefühle (ich sage bewusst nicht Komplexe, weil weit mehr Menschen Minderwertigkeits-gefühle an der einen oder anderen Stelle zugeben werden). Es ist das Gefühl sich selber und anderen im Anspruch, den ich habe, nicht zu genügen. Die Folge ist, dass dieses Gefühl nicht nur auf wenige Punkte des Lebens beschränkt bleibt, sondern sich auf das ganze Leben ausweitet. „Ich reiche nicht aus", „ich bin nicht gut genug", „das schaffe ich nie", sind nur ein paar Aussagen von diesem Gefühl. Die weitere Folge z.B. ist Depression, Schwermut, Fatalismus, Alkoholismus, Drogensucht bis hin zum Selbstmord. Noch eine Auswirkung einer nicht authentischen Person ist ein übertriebenes Ego/Selbst. Wenn Andere schon nicht auf mich Rücksicht nehmen dann, muss ich mir selber Recht verschaffen. Und das auch auf Kosten Anderer. Denn, meine Mitmenschen kümmern sich ja auch nicht um mich. Hier, an dieser Stelle, werden die unberechtigten Nachbarschaftsstreite vom Zaun gebrochen, die bis hin zu Kriegen ausarten können. Aber auch Positionsgerangel auf Arbeitsplätzen sind hier zu finden. Und letztendlich auch Beziehungs-schwierigkeiten, in Partnerschaften und Familien, die bis zum Mord enden können.

Eine Folge des Minderwertigkeitsgefühls ist jedoch bei weitem die am Häufigsten auftretende Tatsache. Es ist die beständige, zum Teil sichtbar, zum Ausdruck gebrachte Mangelerscheinung.[38] Diese ist gepaart bzw. einhergehend mit einer fortschreitenden Unzufriedenheit. Und diese wird nicht aufgegeben, selbst wenn sich positive Lebensumstände einstellen sollten. So Mancher fühlt sich in dieser Rolle als „Underdog", „Lonesome Cowboy", Be-mitleidenswert oder „von aller Welt verlassen" so wohl, dass er vielfach noch nicht einmal in Betracht zieht, es könnte anders werden, geschweige denn sein. Dass sich solch eine Haltung natürlich zunehmend ins gesellschaftliche Niemandsland oder sogar ins aus bewegt wird jedermann klar sein. So stellt sich eine Gegenhaltung bei den Mitmenschen dieser Leute ein, dass man mit

---

[38] *Verhaltensauffällikeiten z.B. wie: Eßsucht, Kaufsucht, Diebstahl oder auch sich stets in den Vordergrund zu drängen.*

Solchen nichts anfangen kann, weil sie ja scheinbar keine Veränderung wollen. Denn eine Gesellschaft ohne den Glauben an einen Gott, ist sich selber Gott. Und bei dieser Gesellschaft ist sich dann jeder der Nächste. Diejenigen, welche hier nicht mithalten können, haben halt Pech gehabt. Aber wie gesagt, es betrifft die Identität ohne Gott! Eine weitere Gruppe dieser Identitätssuche, sind die Menschen, welche schizophren (griech. gespalten, geteilte Persönlichkeit) geworden sind. Die meisten halten dies einfach nur für eine Krankheit, welche man mit Medikamente eindämmen oder sogar heilen kann. Andere sehen hier die helfende Hand der Psychater gefragt, um die auftretenden „Störungen" zu behandeln. Allen ist jedoch gemeinsam, dass sich etwas in der Person verändert hat. Darin sind sich die behandelnden Personen einig. Interessanter Weise ist dies weitgehend im Kindesalter bis ca. 8 Jahre noch nicht vorhanden. Warum? Weil, so meine Vermutung, die Kinder erst ab diesem Alter die Auswirkung von Geschehnissen in ihrem Umfeld bewusster wahrnehmen und einzuordnen verstehen.[39] Was meine ich damit? – Ich meine, dass diese Symptome auftreten einer Überlastung der Seele/Psyche geschuldet ist. Bei der einen Person mag das der Verlust eines

---

[39] *Die Ausnahme stellt eine Manipulation durch die Erwachsenen dar. Dies sehen wir an den Lebensumständen nach Ehezwistigkeiten der Eltern, bei Kindersoldaten oder auch bei Verwahrlosung.*

liebgewonnenen Menschen sein oder der Verlust der Arbeitsstelle. Wieder bei einer anderen Person hängt es mit dem nicht mehr Bewältigen des Alltags zusammen, weil dieser immer komplizierter und Anspruchs-voller geworden ist. Und in manch einer Person hängt es damit zusammen, dass sie sich in eine fiktive Sache hineingesteigert hat, so dass die Wahrnehmung zwischen Realität und Schein schwindet. Eine weitere Art, ist die Demenz, in welcher die Zeiten, und vieles mehr, durcheinander kommen. Auch ein Unfall kann der Auslöser sein. Dieser Zustand geht soweit, dass die Person sogar mit verschiedenen Stimmen sprechen kann. Gerade an diesem Punkt hat eine Gesellschaft oder auch eine Person, welche auf der Suche nach seiner Identität ist, Schwierigkeiten. Weil sie sich eben nicht vorstellen kann, dass Menschen im Zustand der Schizophrenie auch eine Identität der eigentlichen Person haben können. Aber es auch noch Kräfte geben kann und gibt, die diesen Zustand beeinflussen können. Dies ist jedoch für einen Menschen, welcher seine Identität außerhalb von Gott sucht schwer verständlich zu machen. Eine andere Auswirkung, welche jedoch nicht als Schizophrenie bezeichnet werden kann und darf ist das, was die Bibel als Dispsyche bezeichnet. Auch wenn es, vom Wort her gesehen, als Schizophrenie angenommen werden könnte. Und doch ist diese Person der Dipsyche auch hier im wahrsten Sinne mit sich selber nicht identisch bzw. authentisch. Warum? Weil die Person mit sich uneins ist. In der einen Situation denkt und handelt man in eine Richtung und in der fast identischen Situation später genau umgekehrt. Oder, es wird für ein Bereich ein Maßstab angelegt, während für einen anderen Bereich dieser Maßstab nicht mehr zählt, sondern etwas ganz anderes. Das geht dann soweit, dass sich manch Außenstehender fragt, was diese Person eigentlich will?

Diese Person ist hin- und hergerissen und in ihrer Seele (Psyche) uneins, also zweigeteilt. Einmal so ein anderesmal so.

**
Zwischen den Stühlen

Und hier komme ich zu einem neuen Kapitel, welches ich als „zwischen den Stühlen" bezeichnen möchte.

Dabei gibt es genügend Vorstellungen, was diese Bezeichnung aussagen könnte. Um dem aber gleich im Vornherein zu entgegnen, führe ich noch einmal an, dass es im eigentlichen Sinne keine Grauzone bzw. ein Dazwischen gibt. Nur hätten wir Menschen das gerne so. Weil es eben einfacher ist. Die einen halten es mit den Worten: „Lasst uns essen und trinken denn, morgen sind wir tot".[40] Andere meinen: „Jeder soll halt nach seiner eigenen Façon glücklich werden".[41] Dies beinhaltet jedoch eine manchmal bis exentrisch ausufernde, humanistisch geprägte Egozentrik. Ich bin mir selbst der Nächste und ich gestalte mein Leben, wie ich es will. Für den Einen bedeutet dies ich werde so wenig Entscheidungen wie möglich treffen. Die Auswirkung ist, ich muss demzufolge auch dafür so wenig, bis keine, Verantwortung übernehmen. Dass diese Handlungs- und Denkensweise jedoch ein Trugschluß ist, zeigt schon die Geschichte. Und nicht nur die, sonderen auch unser Erleben bei den alltäglichen Entscheidungen. Denn, wer sich nicht entscheidet, entscheidet sich auch für etwas nämlich, dass die Anderen entscheiden sollen und somit trägt derjenige zu deren Entscheidung bei. Genauso ist es bei den anderen Menschen, die als Gegensatz Alles entscheiden und ständig im Vordergrund stehen wollen. Und damit meine ich nicht die natürliche, vernünftige Art sein Leben zu gestalten. Es sind die Menschen, welche sich selbst zum Maßstab machen und diesen auch auf andere legen wollen. Unabhängig ob diese es nun wollen oder nicht. Dabei wird auch hier, hin und wieder, ein Mischmasch an verschiedensten Gedanken- und Handlungsweisen

---

[40] *Jes 22,13 / 1.Kor 15,32*
[41] *Jean Jaques Rousseau (1712-1778) Philosoph und Pädagoge – Er kümmerte sich als Vater nicht um seine Kinder sondern befürwortete, dass sie ins Waisenhaus kamen.*

integriert, um es so vielen Menschen wie möglich recht zu machen und um nicht einseitig zu wirken, damit ich doch noch Anerkennung finde. So kommt es zuweilen vor, dass diese Personen auch Dinge in ihrem Leben integrieren, wovon sie noch nicht einmal selber überzeugt sind. Aber, um ihren eingeschlagenen Lebensstil nicht ändern zu müssen, oder weil man es sich bequem eingerichtet hat, belässt man es dabei. Daher findet man z.b. Menschen, welche eigentlich ihr Leben ohne Gott führen und führen wollen und trotzdem Akzente/Bruchteile eines „Glaubens" an einen Gott (oder auch mehrere Götter) einen Platz in ihrem Leben geben. Das geht von, bestimmte Feste zu feiern, über den Glauben an die Auswirkung von Planeten auf unser Leben, bis hin zum Glauben des Panallismus (alles kann uns Gott sein) worin die Natur eine große Rolle spielt. Und warum das Ganze? – Weil man meint sich dadurch besser zu fühlen. Dies kann jedoch niemals zufriedenstellend sein. Denn es erklärt nicht, wer ich bin. Und mein Identitäts- und Lebensgebilde ist nicht nur unvollkommen, ich bin zudem innerlich von den Fragen, was richtig oder falsch, was Wahrheit oder Lüge ist, aufgewühlt. Und auf diese Frage finden selbst die größten Gelehrten dann, auf *diesem* Weg, bis zu ihrem Lebensende, keine zufriedenstellende Antwort.

In einem ähnlichen Dilemma stehen Menschen, welche eine Entscheidung zu einem Leben mit Gott getroffen haben. Welche ihre Identität, in einem bestimmten Lebensabschnitt, in Verbindung an den einen Gott festgelegt haben. Und dennoch ihr Leben und Identität so weiter fortführen, als würde ihrem Gott nur eine kleine Ecke ihres Lebens zugeteilt sein. Dies ist die eine Gruppe der Menschen welche Gott, und im Speziellen Jesus, in ihr Leben eingeladen haben, deren Leben zu gestalten. Aber anstatt Gott den Raum zu geben, welcher ihm gebühren würde, wird der Glaube an Gott nur ein Randthema im allgemeinen Alltagsleben.[42] Und vielfach sind sie sogar davon überzeugt, der „Sache" Genüge getan zu haben.[43] Die Folge ist ähnlich wie bei Menschen, die eigentlich ohne Gott leben und zudem noch religiöse Elemente in ihr Leben integrieren. Sie leben den Lebensstil eines Menschen, der sich selbst zum Maßstab macht oder der die scheinbaren, bequemen Annehmlichkeiten der Welt genießen will. An dieser Stelle wird vielfach das Wort Gottes, und ich sage bewusst Wort Gottes und nicht Bibel (was ich gleich noch erklären werde), nicht ernst genommen, verniedlicht, verwässert oder so auseinandergerissen, dass zum Schluß nur noch ein moralisches Konzept übrig bleibt.[44] Und selbst das kann so hingedreht werden, wie man es gerade braucht. Zumal

---

[42] *Menschen des Augenblicks (Mt 13,20-21)*
[43] *Mt 19,16-20 / Lk 18,9-14*
[44] *2.Tim 3,5 / Eph 5,6 / 1.Kor 2,4 / Tit 1,16 / 2.Tim 4,3 / Kol 2,8*

man sich nicht einmal die Mühe macht darüber nachzudenken, geschweige ins Detail zu gehen. Demzufolge ist für sie das Wort Gottes nicht das Wort des EINEN Gottes sondern, die schriftliche Niederlegung aneinandergereihter, moralischer Werte (mal in Geschichten, Gedichten oder Gesetzesformulierungen verpackt). So brauchen wir uns also nicht verwundern, wenn eine liberale Theologie, eine kritiksüchtige Theologie (keine kritische), wenn eine Wohlstands-Theologie oder eine fatalistische Theologie, nicht zu dem Ziel führen den Gott kennenzulernen (und somit uns!), von dem das Wort (die Bibel) stammt, der der Ursprung des Wortes ist. Auch sind deren Gebete nicht an Gott gerichtet sondern dienen zur Belehrung der Zuhörer.[45] Die nächste Gruppierung dieser Menschen, die eine Verbindung mit Gott angefangen haben aber nicht danach leben, ist die Gruppe, welche keine Veränderung in ihrem Leben haben wollen. Man hat es sich schön eingerichtet. Logisch rationell wird Gott als Persönlichkeit akzeptiert, aber (sagen sie) es ist Alles gut so, also warum Veränderung hinein bringen. Ja nicht zuviel von Gott, damit man nicht als „fanatisch" oder abgedreht erscheint. Weltoffenheit und Toleranz sind hier die Schlagwörter. Das sind dieselben Leute, welche sich auf Sportveranstaltungen, Kaufhäusern oder in Bezug auf ihr Hobby nicht mehr halten können,

---

[45] Mt 6,5

welche bei Ihren Ansichten dann keine Toleranz mehr zeigen. Die nächste Gruppierung in Bezug auf einen, ich sage einmal, lauen Glauben, sind die Menschen, welche mit Gott angefangen haben, die jedoch ab einem bestimmten Punkt sich von Gott abgewandt haben, aber nicht mehr so nah bei ihm sind. Wie meine ich das? Es ist ähnlich, so sehen sie es zumeist, wie mit einem Freund, der einen enttäuscht hat und von dem man sich distanziert. Wie sieht denn diese angebliche Enttäuschung aus? Bei dem Einen sind es falsche Vorstellungen in der Beziehung zu Gott. Bei dem Anderen sind es nicht erfüllte Wünsche (zumeist nicht in dem Zeitraum, wie ich es mir vorstelle); und wieder bei Anderen sind es Krankheits- oder Todesfälle, oder sogar auch Arbeitslosigkeit. Die Folge ist, ich nehme mir das Recht Alles selber in die Hand zu nehmen. Hier an dieser Stelle möchte ich aufzeigen, dass gerade diese Menschen, welche den Schritt in eine Beziehung auf Gott zu gemacht haben, aber nur locker die Beziehung aufrechterhalten, bzw. Gott als Nothelfer benutzen, bzw. eine abgekühlte Beziehung zu Gott pflegen, in einem größeren Dilemma stecken, als alle anderen Personengruppen (selbst die Personengruppe, welche später noch beschrieben wird, eingeschlossen). Ich betone, ich bin hier nicht vom Thema abgeschweift, ich bin immer noch bei der Identität. Also in welchem Dilemma steckt diese Personengruppe?

Nun, wie ich bereits zu Anfang sagte, diese Personengruppe versucht sich zwischen den Stühlen zu bewegen. Und wenn ich jetzt die Dinge und auch den Bereich der Identität aus den Augen Gottes, anhand seines Wortes anschauen möchte dann, wird vielleicht Einiges klarer und verständlicher. Dazu muss jedoch vorab, in diesem Abschnitt noch die Rivalität des Teufels mit Gott angeführt werden. Ja, auch wenn es Mancher nicht wahrhaben will, es gibt den Teufel und auch seine Helfer die Dämonen. Wir können anhand des Wortes sehen, dass der Teufel und auch die Dämonen ursprünglich Engel waren und aus bestimmten Gründen aus dem „Himmel" auf die Erde geworfen wurden.[46] Hier hatte der Teufel noch eine bestimmte Autorität, bis diese durch das Auftreten des Menschen auf der Weltbühne erneut eingeschränkt wurde.[47] Durch die Rückeroberungstaktik des Teufels (durch den Sündenfall)[48] hatten sich die Menschen bezüglich der Autorität auf der Erde nicht nur diskreditiert sondern, sie verloren zugleich ihre Heimat und gewissermaßen auch die intensive Beziehung zu Gott

---

[46] *Hes 28,17 / 1.Mose 6,2 / 5.Mose 32,17 / 1.Joh 3,8 / 2.Pe 2,4 / Lk 10,18 / Jes 14,12-15 / Jud '6*
[47] *1.Mose 1,26.28 / Hiob 1,7 / Off 12,9*
[48] *1.Mose 3*

(Status einer Art Sohnschaft)[49]. Erst durch die Geschehnisse durch Jesus, den Sohn Gottes, zwischen „Karfreitag und Pfingsten" ist diese Ordnung weitestgehend, soweit dies Angebot angenommen wird, wieder hergestellt.[50] Und genau hier setzt das Thema „Zwischen den Stühlen" in Bezug auf die Voraussetzung eines Glaubens an Gott ein. Wenn ich mir also vorstelle, dass ich ohne Gott mich unter dem Anspruch und Herrschaftsbereich des Teufels befinde, habe ich demzufolge Zugang zu allen Dingen, die mir unter diesem Herrschaftsbereich angeboten werden.[51] Genauso bin aber auch allen Pflichten (und auch Abhängigkeiten) unterworfen.[52] Wenn ich jedoch nun im Glauben die Absichten und Taten Gottes in Jesus akzeptiere, anerkenne, begrüße und für mein Leben in Anspruch nehme dann, widerspreche ich meinem früheren Leben ohne Gott.[53] Und ich widerspreche damit auch Allem, was mit diesem vorherigen Leben im Zusammenhang steht.[54] In der Terminologie zweier Staatswesen würde man jetzt sagen, ich wäre umgesiedelt, ich wäre emigriert, ich habe Asyl gesucht, ich habe das Land gewechselt[55], habe die

---

[49] *1.Kor 15,45*
[50] *Eph 1,5-7*
[51] *Joh 8,44 / 2.Kor 11,14 / MT 12,43-45 / Lk 4,5-6*
[52] *Lk 22,3-4 / Lk 13,11 / Mk 9,25*
[53] *2.Kor 5,17*
[54] *Eph 4,22*
[55] *Kol 1,13*

Seiten gewechselt oder, in negativem Bezug auf meine vorherige Heimat – ich bin übergelaufen. Was passiert denn, wenn ich die Entscheidung für Jesus treffe?

Der Teufel wird ersteinmal versuchen mich davon abzuhalten, dass ich solch eine Entscheidung treffe, oder treffen kann.[56] Wenn ihm dies aber nicht möglich ist, ist jegliche scheinbare Freundlichkeit verflogen.[57] Denn er sagt: Du hast Alles, was du hier hattest verwirkt; dein „Pass" (u.a. Berechtigungsausweis) wird eingezogen. Und nun ist er mir zum offensichtlichen Gegner[58] geworden.

Andererseits habe ich jetzt meinen neuen Ausweis (Berechtigung) erhalten, um in meinem neuen Land, meiner neuen Heimat zu leben. Und auch hier bin ich nun in allen Zuwendungen und Pflichten involviert.[59] Was passiert jedoch mit einem Menschen, welcher den neuen Ausweis in der Hand hält, sich aber immer nur an der Grenze zur „Alten Heimat" aufhält und auf die andere Seite schielt? – Wenn er sich sogar nach Jahren oder Jahrzehnten nicht wie ein Bürger des neuen Landes verhält, sondern eher bei den Gepflogenheiten des alten Landes bleiben möchte?[60]

---

[56] *Eph 4,27 / 1.Pe 5,8*
[57] *2.Kor 11,3 / Eph 5,6*
[58] *Er wird ja Widersacher und Ankläger genannt / 1.Pe 5,8 / Off 12,10*
[59] *Röm 8,32 / Apg 15,20 = Befleckung durch Götzen/Idole meiden, sich von Hurerei(sprich andere Götter) absondern, Aas und Blut nicht essen (1.Mose 9,4 / 3.Mose 17,11-14) / Kol 2,6-7 / Gal 3,3*
[60] *Zef 1,12*

Da wird doch der Herrscher des neuen Landes sagen: Warum oder wozu bist du eigentlich hierher gekommen, wenn du dich doch nicht einfügen willst? – Mit so Jemandem wie dich, kann ich nichts anfangen.[61] Auch wenn er sich wünschte, dass der Eigensinnige sich anders verhalten würde. Und so steht ich auf der Stelle – zurück kann oder will ich nicht mehr; nach vorne, weiter ins neue Land hinein, geht es auch nicht. Weil ich erkenne, das gibt es nicht umsonst.[62] Will heißen, es geht nicht ohne einen Einsatz, den ich bringen muss. Und weil ich in dem was ich will oder nicht will und was andere wollen oder nicht wollen, hin und her schwanke, schaukelt sich diese Situation immer weiter auf. Und mit mir ist es dann schlimmer als zuvor, wo ich klare Stellung bezogen hatte.[63] Zudem versuche ich es allen recht zu machen, was niemanden gelingen wird.[64] Dies Alles hat verständlicher Weise auch eine Auswirkung auf meine Identität. Ich fühle mich nie richtig angenommen, ich fühle mich nirgendwo richtig zu Hause. Niemand hat mit mir richtig ernsthaft, aufrichtigen Kontakt. Weil ich eben häufig nicht weiß, z.B. an wen ich mich wenden sollte, wenn ich Hilfe brauche. Und langsam, Stück für Stück, ziehe ich mich von meinen Mitmenschen zurück und meine Identität, die Person, die

---

[61] *1.Joh 2,15-17 / Jak 4,4*
[62] *Lk 14,28 / 2.Kor 5,14-15 / Gal 2,19-20*
[63] *Jak 1,6-8*
[64] *Jak 1,22-25*

ich bin, beginnt zu verkümmern und die Möglichkeit des Belogenwerdens durch den Teufel ist erhöht.[65] Wir zeigen hin und wieder mit dem Finger auf solche Menschen,[66] die irgendwann zu einem Zeitpunkt X nicht mehr, mit Allem was sie umgibt und am wenigsten mit sich selber, zurecht kamen. Und wir nennen diese Menschen gescheiterte Existenzen. Dabei merken wir nicht, dass uns das gleiche Erleben ereilt hat. Es sieht zwar nicht so dramatisch nach außen hin aus aber, das was mich antreibt sind doch meine Gedanken- und Herzenseinstellungen. Warum sagen wohl so viele, „was ich denke oder fühle geht Niemanden etwas an"? – Weil sie wissen, wenn andere sehen würden, wie es in mir aussieht, könnte ich gleich den innerlichen und somit den allgemeinen Bankrott erklären.[67] Aufgrund Allem, was auf den Seiten dieses Buches zuvor erwähnt wurde, beende ich das Buch gerade deshalb nicht an dieser Stelle. Sondern, ich will eine Richtung aufzeigen, wie ich zu der Identität komme, oder besser gesagt zu zeigen wer ich wirklich bin. Und ich will damit ein Stückweit dazu beitragen, in das zufriedene, glückliche Leben hineinzukommen, welches wir uns wünschen und was wir aus Gottes Sicht auch haben sollten.

---

[65] 1.Mose 4,5-7 / Spr 16,30 / Heb 10,38-39
[66] Jes 58,9 / Mt 18,15 / Gal 5,13.15 / Eph 4,32
[67] Röm 7,18

**

Identität in und durch Gott

Jetzt möchte ich aufzeigen, was es heißt eine Identität zu haben, wovon ich überzeugt bin, dass es die wahre Identität der Menschen ist bzw. sein sollte.[68] Ich zeige dies allein schon deshalb auf, weil die jetzt kommenden Abschnitte mehr Sinn machen als alles sich selbst Zusammengeschusterte, wie zuvor erwähnt.

Ich spreche an dieser Stelle von der Identität in Gott. Warum sage ich *in* Gott?

Weil die Bezeichnung durch Gott nur ein Teil dessen wieder gibt, was Identität ausmacht. Denn, wenn Gott mir eine Identität gegeben hat und mich sozusagen „im Regen" alleine stehen lässt, was er nicht tut,[69] so wäre ich genauso gut oder schlecht dran, wie bei allem Anderen, was ich zuvor erwähnt habe. Aber wie gesagt, er tut es nicht!

Sondern meine Identität, die Person, die mich ausmacht ist enger mit Gottes Persönlichkeit und Wesen verknüpft als ich gedacht hatte. Meine Identität ist nicht allein durch Gott, als Grund/Ursache des Seins, sondern direkt aus Gott heraus.[70] Und will versuchen aufzuzeigen, was das heißt und welche Auswirkungen dies auf meinen Alltag hat.

Mancher wird dabei vielleicht für sich Neues hören und

---

[68] *1.Kor 15,10*
[69] *Ps 139 / Mt 6,25-34*
[70] *Röm 11,36*

54

entdecken. Ich wünschte es wird Dich genauso freisetzen, wie es mich freigesetzt hat.

*

Ein guter Gedanke Gottes

Hast Du schon einmal gehört oder gelesen, dass Du ein Guter Gedanke Gottes bist? – Und ich meine nicht, dass Du es wirst. Sondern wirklich, Du bist es „Du bist ein Guter Gedanke Gottes"![71] Und zwar noch bevor irgendein Mensch, oder wer sonst auch immer, überhaupt eine Ahnung von Dir hatte. Selbst bevor Deine leiblichen Eltern eine Ahnung von Dir hatten. Bei Gott jedoch warst Du schon längst auf dem Plan. Auf Seiner Agenda war kein leerer Fleck, als es um Deine Person ging.[72] Und grundsätzlich gesehen, ist jeder Mensch, jedes Tier ein guter Gedanke. Und wir können dies anhand der Schöpfungsgeschichte sehen. Wo Gott sagte, als er den Menschen schuf, dass es sehr gut war.[73] In dieser Feststellung hat sich Gott bis heute nicht geändert (weil er immer derselbe ist).[74] Interessanter Weise geht der Mensch oft nicht konform mit Gottes Gedanken. Da tauchen schon mal solche Gedanken auf wie: Warum hast du mich so oder so gemacht;

---

[71] *1.Mose 1,26.27.31*
[72] *Ps 139,15-17*
[73] *1.Mose 1,31*
[74] *Ps 89,35 / Mal 3,6 / Jes 41,4 / Heb 13,8*

warum habe ich Dieses oder Jenes nicht; warum habe ich diese Eltern oder dies soziale Umfeld?

Und derlei Fragen gibt es viele aber, eines wird häufig dabei vergessen – Gottes Gedanken sind höher als die der Menschen.[75] Und wenn ich das ersteinmal akzeptiere komme ich auch zu anderen Fragen, welche dann meinen Horizont in einer Art und Weise sprengen werden wie nie zuvor.[76] Jetzt wird der Eine oder Andere anfügen wollen: „Wie ist es dann mit den Menschen, die mit Krankheiten und/ oder Defekten auf die Welt kommen? - Hat sich Gott das auch so ausgedacht?[77]

Ich kann zwar keine Prozentzahl angeben aber, ich kann sagen, dass dies grundsätzlich nicht Gottes Absicht ist.[78] Auch wenn Er die eine oder andere Situation dazu nutzt, um den Fokus auf Seine Person zu lenken, damit die Menschen zu Ihm kommen. Leider haben die Menschen einen gewissen Anteil daran, welche Einstellungen und Handlungsweisen sie an den Tag legen.[79] Nun sind wir fast schon beim nächsten Thema. Aber gehen wir noch einmal etwas zurück. Was löst es denn in einem Menschen aus, wenn er hört: „Du warst nicht geplant" oder

---

[75] *Hiob 3,20 / Ps 10,1 / Hiob 40,7-8 / Jes 55,8-9*
[76] *Hiob 42,2 / 1.Chr 4,10*
[77] *Joh 9,2-3 / Jer 22,16 / Mk 14,7*
[78] *Jak 1,17 / Jer 29,11*
[79] *Lk 13,34 / Jes 65,2 / Jer 18,9-14*

„Du bist nicht gewollt gewesen" oder „Du bist ein Unfall"

oder „ich hatte schon daran gedacht Dich abzutreiben"?[80]

Schon gleich am Anfang des Lebens fängt man mit dieser

fast erdrückenden Hypothek an und versucht dann dem

Leben überhaupt noch etwas abzugewinnen. Nicht

umsonst fragt sich so mancher, „wenn ich nicht gewollt bin,

was mache ich dann überhaupt hier?" – Darf ich Dir an

dieser Stelle sagen? – Du bist gewollt!!![81]

Und das nicht damit Du nur einfach da bist! Gott hat an

Dich gedacht und Dich geliebt und hatte eine positive

Einstellung Dir gegenüber noch bevor Du überhaupt da

warst. Das heißt somit auch, dass Dein Leben einen Sinn

hat. Welchen? – Dazu kommen wir später.

Ich möchte also festhalten: Meine Identität besteht darin,

dass ich ein Guter Gedanke Gottes bin, dass ich gewollt

und geliebt bin noch bevor Irgendjemand Anderer an mich

gedacht hat und dass mein Leben einen Sinn hat und mein

Leben Sinn macht.[82]

---

[80] *Ps 27,10*
[81] *Jer 31,3 / Jes 55,8-9*
[82] *Ps 33,11*

*

Gott hat mich geschaffen

Ich gehe nun einen Schritt weiter. Wenn ich gute Gedanken über etwas habe und auch weiß, wie ich diese in Realität bringe, wäre es doch unabdingbar, dass ich alle Pläne, Vorstellungen und Absichten umsetze, damit man es sehen kann. So auch bei Gott.[83] Er belässt es nicht dabei nur gute Gedanken über eine Person zu haben, welche dann doch nicht zum Leben kommt.[84] – Nein! Er setzt das, was er über die Person denkt, welche in Existenz kommen soll, auch um.[85] Und zwar nicht einfach als Serienproduktion sondern, genauso wir Er sich individuelle Gedanken über eine Person macht, genauso erschafft/formt Er sie.[86] Auch, wenn er die leiblichen Eltern dazu mit einbezieht.[87] Allein dies macht jeden Menschen nicht nur einzigartig, es macht ihn zu etwas Besonderem. Das widerspricht eindeutig derzeitiger Aussagen nach weltlichen Maßstäben: Jeder ist ersetzbar. Dies ist ein riesengroßer Trugschluß. Niemand ist ersetzbar;[88] egal wer es ist. Ich bin genauso Besonders ob ich nun Professor oder Arbeiter am Band, ob ich nun Politiker oder Reinigungskraft, ob nun Kind oder im Seniorenalter,

---

[83] *Eph 1,9 / Röm 4,21*
[84] *Hiob 33,4*
[85] *Jes 42,5 / Ps 22,10 / Ps 71,6 / Ps 139,13 / Ps 119,73*
[86] *2.Mose 4,11 / Ps 8,5-6*
[87] *Hiob 31,15 / Ps 100,3*
[88] *Ps 39,6*

ob nun hochgebildet oder scheinbar ungehobelt bin. Es hängt nicht davon ab, was ich arbeite oder womit ich beschäftigt bin, um etwas Besonderes zu sein. Ich bin es. Warum? Weil es mich nur einmal gibt.[89] Und was ist mit Zwillingen? Auch sie haben Unterschiedlichkeiten. Und Gott ist nicht vergesslich, dass er nicht weiß, was und wie er etwas macht. Ich bin also wunderbar individuell gemacht. Allein dies würde schon ausreichend sein, um eine Identität zu haben und eine Identität zu sein. Aber es ist noch nicht alles. Gott hat sich vorgenommen, den Menschen nach Seinem Bild (als Ebenbild) zu formen/schaffen.[90] Das heißt wir sehen Ihm ähnlich. Heißt das, Er sieht genauso, wie wir Menschen aus?

In gewisser Weise ja – mit Bestimmtheit aber sind wir Ihm in Art und Weise und der Ausstattung von Charaktereigenschaften ähnlich.[91] Jeder Mensch hat demzufolge sogar etwas Göttliches an bzw. in sich. Wer wollte dann noch sagen: „Ich bin nichts wert."[92]

---

[89] *Ps 139,14 / Spr 14,31 / Spr 20,12 / Pred 3,11 / Pred 7,14*
[90] *Jes 29,16 / Jes 45,18 / Jak 3,9*
[91] *Pred 7,29 / Heb 1,2 / Off 14,14 / Dan 7,9.22*
[92] *Ps 95,6 / Jes 43,7*

*

Der Name

Wenn ich nun zu dem Bereich der Namensgebung bei Gott komme, so muss ich feststellen, dass je intensiver die Eltern mit Gott leben, desto passender wird der Name für das Kind sein.[93] Und auch im Wort sehen wir, dass Gott direkt Einfluß auf die Namenswahl nimmt.[94] Und es ist auch in gewisser Weise Seine Absicht darauf Einfluß zu nehmen. Zum Einen weil Er die Person erdacht und gemacht hat und zum Anderen, weil Er auch bestimmte Absichten mit der Person hat. Zumal Er ja auch *jede* einzelne Person bei seinen Namen ruft und Er kennt *Jeden* mit Namen (d.h. Er weiß auch wer hinter dem Namen steht).[95] Wie gut zu wissen, dass wir keine Nummer bei Ihm sind. Und selbst wenn der Name, den meine Eltern mir gegeben haben nicht dem entsprechen sollte, was Gott sich vorstellt; bei Ihm habe ich einen, nämlich meinen, Namen. Außerdem wird dadurch deutlich, dass wenn ich keine Nummer, niemand X-Beliebige, für Ihn bin, Er Beziehung zu mir haben und pflegen will. Wenn also der Name genannt wird ist sofort eine gewisse

---

[93] *1.Mose 5,29 / 1.Sam 1,20 / Apg 4,36*
[94] *1.Mose 16,15 / 1.Mose 17,15 / 2. Sam 12,24-25 / 1.Kön 13,2 /*
    Lk 1,13 / Apg 13,9
[95] *1.Mose 12,2 / 2.Mose 31,2 / Jes 40,26 / Jes 43,1 / Jes 45,4 / Jes 56,5 /*
    Jes 65,15

Vertrautheit da,[96] besonders in Bezug auf den Vornamen.
Denn, wenn nur der Nachname genannt wird, ist noch eine
Reserviertheit vorhanden. Das ändert sich jedoch
schlagartig wenn man sich beim Vornamen nennt. Und in
einer Familie, wenn der Vater oder die Mutter jeweils den
vertrauten Namen des Kindes ruft, weiß es ebenfalls
Bescheid. An dieser Stelle kommt sogar noch ein weiterer Aspekt
hinzu. Je nach Betonung des Namens kann etwas anderes
ausgedrückt werden. Ob es nun darum geht Jemand zu
sich zu rufen, ob man etwas fragen will, ob man die Person
warnen möchte, ob man sich freut die Person wieder zu
sehen und, und, und. Es gibt so viele Möglichkeiten die
Betonung auf den Rufnamen (Vornamen) zu legen. Wenn
ich das mit einem Nachnamen versuchen wollte, würde mir
dies bei weitem nicht gelingen. Das zeigt aber auch, dass
der Name für sich eine bestimmte Autorität hat.[97] Natürlich
spiegelt der Name auch die Person wieder. Und je
nachdem wie wir bestimmte Erfahrungen mit Person
gemacht haben, haben wir positive oder negative
Assoziationen, wenn wir einen Namen hören. Aber auch
hier kann noch einmal festgestellt werden: Ich habe einen
Namen bei Gott. Und so wie Gottes Namen sein Wesen

---

[96] *1.Mose 3,9 / Lk 5,8 / Joh 20,16*
[97] *Apg 4,36 / Apg 19,15 / 1.Sam 25,25 / Apg 8,6.12*

wiederspiegeln,[98] spiegelt mein Name mich wieder. Daher ist mein Name bei Gott für meine Identität wichtig, weil mein Name mich mit dem, was mich ausmacht, gegenüber Anderen kennzeichnet. Es ist, wie wenn ich in eine Menschen-menge einen Vornamen hineinrufe denn, dann werden nur die Personen sich angesprochen fühlen, die diesen Namen haben. Und wenn ich mich angesprochen fühle dann, weiß ich wer ich bin. Ich repräsentiere die Person, die ich bin. Und ich repräsentiere auch die Person (sprich Gott), die mich gemacht hat.[99] Sozusagen als erkennbares „Abbild". Natürlich wird, wie schon gesagt, durch den Namen die Person repräsentiert, und das ist äußerlich erkennbar. Nun kommen auch die Inneren Anteile, welche meine Identität ausmachen noch hinzu.

*

Sinn und Zweck

Wie ich bereits mehrfach erwähnte, hat mein Leben einen Sinn und Zweck.[100] Arm ist, wer diesen Zweck bzw. Sinn nicht erkennt. Warum?

Es ist doch eine der substanziellsten Fragen meines Daseins. Und es ist aus der Geschichte ersichtlich, wenn ein Leben nicht die Besonderheit des Einzelnen genießt,

---

[98] *Ps 148,13 / Jes 42,8 / Neh 9,31*
[99] *1.Kor 15,10*
[100] *Jes 43,7 / Jes 45,18 / Eph 2,10 / Kol 1,16 / 1.Mose 1,28-29*

wird alles Mögliche und Unmögliche getan, um diesen Status des Besonderen anzuzweifeln und zu rauben.

Angefangen von den unsäglichen Aussagen eines Charles Darwin über die menschliche Evolution, in der Folge die Ausbeutung von Menschen durch Menschen aufgrund des scheinbaren Rechts des Stärkeren,[101] bis hin zu den Rassenideologien (gleich welchen Landes), der Euthanasie[102] oder auch der aktiven Sterbehilfe. Gleichförmigkeit, Angepasstsein, ja nicht aus der Reihe tanzen.[103] Das macht alles einfach und leicht berechenbar aber auch öde, grau und unkreativ. Es sind doch gerade solche Menschen, welche das Besondere in Ihrem Leben erkennen und ihre Gaben und Talente zum Positiven einsetzen. Bei denen man sagt, ihr Leben hat ein Unterschied gemacht bzw. macht einen Unterschied;[104] wenn ich erkenne, dass mein Leben nicht nur dafür da ist, um Platzhalter zu sein,[105] bis der Nächste kommt, sondern dass Gott mich mit etwas ausgestattet hat, was für mich und Andere wertvoll und wichtig ist.[106] Ihm geht es nicht darum, dass ich zu einem Rädchen werde um zu

---

[101] *Z.B. in Bezug auf die Sklavenhaltung, der Industriellen Revolution und die Ausbeutung von Rohstoffen der sogenannten 3. Welt*

[102] *Vernichtung des subjektiv empfundenen, unwerten Lebens*

[103] *Das geschieht als Beispiel in Elitekadern, Staatswesen, Dorfgemeinschaften und religiösen Gemeinschaften*

[104] *Apg 15,1-33 / 1.Kor 12,14-17 / Röm 12,3*

[105] *2.Kor 10,13*

[106] *2.Kor 8,14 / 1.Pe 4,10 / Jud '20*

funktionieren, damit alles gut läuft[107] (ob nun im privaten Umfeld, am Arbeitsplatz oder auch in der Gemeinde). Nein! Denn genauso wie ich ein guter Gedanke von IHM bin, hat er gute Gedanken darüber, wie mein Leben verlaufen sollte und was mir Gutes widerfahren soll. Kannst Du Dir vorstellen, dass Gott sich gefreut hat, wenn Er an Dich dachte und an dass, was Er tun wollte (bevor Du ins Leben kamst).[108] – Es ist so!

Leider wird die Freude hin und wieder getrübt. Wodurch? Dadurch, dass ich nicht das mache, was Gott von mir will oder dass ich sogar dem entgegen handle? – So denke ich bzw. wir.[109] Wie, ist dem nicht so?

Lass mich mal ein paar Beispiele aufführen, um etwas aufzuzeigen. Ich fange einmal mit einem Erfinder an.

Welcher Erfinder freut sich nicht, wenn seine Erfindung nicht nur läuft sondern in allem sogar dem mehr entspricht, als er erwartet hat? - Und er ist ständig dabei, dieses Teil noch besser zu machen. Was für eine Freude!

Und dann kommt Jemand, während der Erfinder gerade nicht im Raum ist und dreht hier ein paar Schrauben und verändert da etwas und schon läuft das Teil unrund. Nicht mehr so, wie es geplant war.[110] Doch der Erfinder belässt es jetzt nicht dabei und tut dieses Teil an die Seite,

---

[107] *1.Kön 22,13 / Num 14,1-10*
[108] *Jer 29,11 / Jes 49,15*
[109] *Hiob 3,25 / Spr 5,21 / Jes 59,2*
[110] *Gal 1,6*

sondern macht sich Gedanken darüber, wie das Teil wieder das tun und machen kann, wofür es konzipiert war. Hat der Plan während dieser Zeit aufgehört zu existieren? Nein! – Nur eine Situation unterbricht den ursprünglichen Plan. Ein weiteres Beispiel: Nehmen wir einen Landschaftsarchitekten. Er hat genau einen Plan, was er wo hinpflanzt, damit es nicht nur schön aussieht sondern, damit sich Andere daran erfreuen, sich erholen können und sogar ein Stückweit Heilung erfahren. Und dazu hat jede Pflanze einen besonderen Platz an dem sie nicht nur für sich, sondern auch für das Gesamtbild leuchten kann. Alles ist schön, bis zu dem Zeitpunkt an dem der Architekt gerade an einer anderen Stelle beschäftigt war. Und ein Neider kam und hier Gift ausstreute, dort der Pflanze zu viel Wasser gab und woanders Unkraut säte. Und nun kommt der Architekt wieder zurück, nachdem der Neider längst verschwunden ist, und sieht das Dilemma in das die Pflanzen stecken. Wirft er nun den schönen Plan des hervorragenden Panoramas, welches er kreiert hat und weiter kreiert, über den Haufen und reisst alle Pflanzen aus? – Nein!
Er denkt darüber nach, wie er die Pflanzen wieder zu alter Schönheit und Stärke bringt. Der Plan bleibt also weiterhin bestehen. Als Letztes möchte ich das Beispiel der Beziehung des Vaters zum Sohn anführen. Das weibliche Geschlecht möge mir verzeihen, das Beispiel ist genauso

auf die Beziehung z.B. zwischen Mutter und Tochter zu sehen (letztendlich also im familieren Bereich).

Also – welcher Vater ist nicht Stolz auf das Kind, welches ihm geboren wurde, an dem er Anteil hat (wie es eigentlich sein sollte). Und er freut sich an dem Kind in jeder Entwicklungsphase, auch wenn Manches nicht einfach ist. Und natürlich hat ein Vater bestimmte Vorstellungen, wie es dem Kind auf seinem weiteren Lebensweg ergehen soll. Jetzt kommen aber Situationen und falsch Freunde, welche dem Kind nicht gut tun. Und schnell entsteht eine Distanz in der Beziehung. Hat der Vater dadurch aufgehört, das Beste für das Kind zu wünschen, Segen zu geben und bereitstehen zu wollen. Nein! Nur die Lage macht es ihm nicht möglich das zu verwirklichen, was er sich erdacht hatte. Auch hier ist die Absicht nie aufgegeben worden, dass es ein guter Weg ist, den das Kind (ob nun Sohn oder Tochter) haben sollte.[111] Ich weiß, dass das eine oder andere Bild nicht gänzlich das wiedergeben kann, was ausgedrückt werden soll. Dennoch, eines ist und bleibt in allen Fällen deutlich, der Weg und das Ziel bleiben weiter bestehen, auch wenn „unvorher gesehene Vorfälle" das Ziel und den Weg verbauen oder vernebeln wollen. Es gibt also für jeden Menschen einen ganz individuellen Plan und Weg um Ziele

---

[111] *Jes 59,2 / Lk 8,13-15*

zu erreichen.[112] Und Gottes Absicht ist es, dass dieser Plan sogar über den leiblichen Tod hinaus geht.[113] Hier an dieser Stelle gibt es eine weitere Komponente, die es wert ist darüber nachzudenken. Und es ist eine ganz logische Entwicklung. Im Allgemeinen ist es doch so, dass leibliche Eltern über einen größeren Erfahrungsschatz verfügen und aus diesem heraus ein Baby, ein Kind, ein Teenager und einen jungen Erwachsenen gut leiten könnten bzw. sollten. Und selbst als Erwachsener hört es nicht auf, dass sie (die Eltern) noch als Ratgeber zur Seite stehen. Wieviel mehr trifft dies auf Gott zu?![114] – Er, der von Anfang an war, mich geplant hat, bei meiner Entstehung und in die Welt kommen dabei war, wie sollte Er nicht erst recht darüber Bescheid wissen, was ein guter Weg für mich ist.[115] Schließlich ist Er ewig. Wer könnte mehr Erfahrung und Wissen besitzen als Er?[116]

Das Problem, welches nicht nur Menschen in der Welt sondern auch viele Christen, die eine Beziehung zu Ihm haben ist, dass sie diese Möglichkeit anzweifeln oder sogar ablehnen.[117] Erst daraus entstehen doch die Niederlagen, Schwächen, Unzulänglichkeiten und Probleme, die Viele haben. Denn, sie versuchen ihren Weg

---

[112] *2.Tim 1,9 / Eph 2,10*
[113] *Spr 10,30 / 1.Pe 5,10 / 1.Joh 2,17 / 2.Joh '2*
[114] *Spr 15,20 / Jes 25,1 / Jer 23,18*
[115] *Ps 103,13 / Jes 63,16 / Hiob 12,13*
[116] *Jes 40,13 / Jes 41,28*
[117] *Jer 3,19*

aus eigener Kraft, aus eigenem Willen und eigenen Vorstellungen zu finden.[118] Anstatt sich auf die ganz sichere Seite zu bewegen, Gott zu fragen und sich von Ihm leiten zu lassen.[119] Nochmals sage ich: Der Plan und somit der Weg durchs Leben, den Gott für Dich und mich hat, ist der Beste den es geben kann und ich tu gut daran (allein um meiner selbst willen) diesen zu akzeptieren. Ich werde später noch einmal darauf zurückkommen.

*

Gaben, Fähigkeiten, Talente

Im nächsten Abschnitt möchte ich auf die Gaben, Fähigkeiten und Talente zu sprechen kommen. Kannst Du Dir vorstellen, dass Du alles bereits mit Deiner Geburt besitzt?

Jetzt wird Mancher sagen, dass diese sich erst mit der Entwicklung und des Wachstums herausbilden und erst eine gewisse Reife erlangen müssen. Andere werden hinzufügen, dass daran unser Umfeld großen Einfluß hat bzw. nimmt. Ob es nun das soziale, das politische, das arbeits- oder das familiere Umfeld ist, alles spielt eine Rolle. Und ich streite dies auch nicht einfach ab. Was ich jedoch festgestellt habe ist: Es gibt immer wieder Menschen, die scheinbar als hochbegabt eingestuft

---

[118] *Ps 81,13 / Ps 106,13 / Ps 107,11*
[119] *Spr 20,24*

werden. Dies zeigt sich schon seit der Kindheit ab. Und eine Förderung der Begabung scheint nur natürlich und notwendig. Es zeigt mir aber auch, es existiert bereits eine Begabung seit der Geburt.[120] Jetzt wird aber Mancher sagen, dass dies nur für bestimmte Menschen gilt und nicht für alle im Allgemeinen. Schließlich kann es nicht nur „Häuptlinge" (also Führungspersonen) geben sondern es muss auch „Indianer" (sprich ausführende Personen) geben. An dieser Stelle möchte ich ansetzen um aufzuzeigen, dass diese Haltung in der Welt ihren Platz hat, aber nicht bei Gott. Natürlich könnten wir anhand Gottes Wort sehen und lesen, dass Gott bestimmte Menschen dazu ausgewählt hat besondere Aufgaben zu erfüllen.[121] Und er hat sie dementsprechend ausgerüstet die Aufgaben erfüllen zu können und auch auszuführen.[122] Aber, so manch Einer wird erneut entgegnen, dass dies zwar für Andere stimmt, „aber nicht für mich"!

Ich kann hier nun vermelden, das entspricht nicht Gottes Wahrheit.[123] Und warum nicht?

Lass es mich erklären und aufzeigen. Und das nun Gesagte kommt als Aussage im Alltag häufiger vor, als uns bewusst ist. Wir sprechen von dem Talent, der Begabung,

---

[120] *Ri 13,5 / Jes 49,1 / 1.Kön 1,35 / 1.Chr 16,41 / Apg 22,14 / 1.Mose 2,15*

[121] *Ri 13,5 / 1.Kön 13,2 / Jer 1,4-5*

[122] *1.Kor 12,18 / Lk 1,17 / 4.Mose 23,19*

[123] *1.Pe 4,10*

die manch Anderer hat, wir jedoch nicht. Wir sprechen dann davon, dass wir dies oder jenes nicht machen könnten. Wir legen dann den Fokus darauf, was andere können. Leider wird dies dann auch in verschiedener Art und Weise ausgenutzt. Mir wird dabei jedoch nicht klar – Andere sagen dies im Umkehrschluß genauso von mir, dass sie das nicht machen könnten, was ich mache. Und was passiert jetzt? – Ich reduziere das Gehörte indem ich sage, es wäre doch nichts so Besonderes. Meine Frage stellt sich dann. Kann es nicht sein, dass gerade hier ein Schlüssel zu einem besseren Verständnis meiner Identität liegt?[124]

Ich kann etwas, was Andere (zumindest in meinem Umfeld) nicht können und umgekehrt haben Andere etwas, was ich nicht habe. Und sei es, dass sich die Gaben und/oder Talente nur in Nuoncen unterscheiden. Aber sie unterscheiden sich eben. Ob es nun im Alltagsleben, in der Freizeit oder wo auch immer ist; niemand, aber wirklich niemand, gleicht dem anderen, auch nicht in den Gaben/ Talenten/ Fähigkeiten etc... .[125] Und weil dies so ist, bist Du auch aufgrund Deiner Begabung, Deinen Fähigkeiten einzigartig und damit Besonders. Damit wird aber ebenfalls deutlich: Du bist unersetzbar!!![126]

---

[124] *Jak 1,17*
[125] *Röm 12,3 / 1.Kor 12,4*
[126] *1.Kor 12,22*

Und wir sprechen hier sowohl von natürlichen wie auch von übernatürlichen Gaben (welche durch geistliches Ausstrecken insbesondere vom Heiligen Geist verliehen werden). Das bedeutet jedoch auch, wenn Gott Dich an diesen oder jenen Platz stellt, gilt es genau Deine gegebenen Gaben und Fähigkeiten einzusetzen,[127] weil sie dort benötigt werden. Selbst dann, wenn Andere es nicht laut aussprechen. Gott weiß aber, was er tut und was gut ist. Und jetzt stell es Dir nicht nur vor, sondern nehme es in Anspruch, gemäß verschiedenster Ausführungen von Paulus in seinen Briefen will Gott uns sogar noch übernatürliche Gaben darüber hinaus geben.[128] Ja sind die nicht nur für die Anfangszeit der ersten Jünger notwendig gewesen? – Haben wir nicht alles, was wir brauchen um mit Jesus zu leben?

Wenn ich mir Gottes Wort anschaue, haben wir es anscheinend nicht.[129] Und es wird auch verständlich. Ohne den Heiligen Geist würde ich alles aus eigener Kraft machen.[130] Aber dazu werde ich noch an einer anderen Stelle ausführlicher zurückkommen. Nur erst einmal so viel: Der Geist kann erst dann wirksam werden, wenn bestimmte Voraussetzungen in meinem Leben gegeben

---

[127] *Röm 12,6-8*
[128] *1.Kor 14,1 / 1.Kor 12,31*
[129] *Tit 3,14*
[130] *Gal 3,3 / Röm 8,13*

sind.[131] Also nochmals abschließend zu diesem Abschnitt: Meine Identität ist in den Gaben, Fähigkeiten und Talenten die mir zu eigen sind präsent. Und zwar, weil sie ein Stückweit das wieder spiegeln, was in bzw. durch Gott ist.[132]

*

Die Erlösung durch Jesus

Kommen wir nun zum wichtigsten Kapitel der Identität in Gott. Und das hat mit der Erlösung/ Errettung durch Jesus zu tun. Durch Jesus Christus Tod und Auferstehung, werden wir heutzutage, durch Annahme derselbigen, erst in die Lage zur richtigen Identität versetzt.[133] Aber dazu müssen wir wieder einmal die Anfänge verstehen und begreifen. Und diese Anfänge sind in dem Schöpfungsbericht und dessen Folgekapitel zu sehen.[134] Am Anfang des Buches habe ich aufgezeigt, was die griechische Bedeutung von Identität ist. An dieser Stelle möchte ich einen Schritt weiter gehen. Nämlich den Schritt von der Identität in sich oder aus sich (auf den Menschen bezogene Identität),[135] hin zu einer Identität in bzw. durch Gott (auf Gott bezogene Identität). Während die Identität

---

[131] *Röm 8,9-10.16 / 1.Kor 12,3*
[132] *Kol 2,9-10 / Kol 1,16*
[133] *Röm 6,23 / 1.Kor 1,9.30 / 2.Kor 4,10 / Eph 2,10*
[134] *Verlust der Identität durch den Sündenfall – In der Folge die Namensgebung von Enosch 1.Mose 4,26 = Mensch, Hinfälligkeit des Menschen*
[135] *Pred 2,18 / Mt 6,27*

72

aus sich, auf eigene Kraft und Anstrengung und eigene Gedanken und Vorstellungen basiert;[136] ist die Identität aus Gott heraus, ein natürlicher Vorgang der Entwicklung.[137] An dieser Stelle könnte sich Mancher fragen: Wo ist denn da der Unterschied? – Egal wie, der Mensch muss sich doch entwickeln und integriert das Eine oder Andere in seinem Leben. Meine Antwort darauf ist – Ja und Nein. Ja deshalb, weil die Entwicklung notwendig ist. Nein, weil der Ansatzpunkt unterschiedlich ist. Auf sich selbst bezogen nimmt der Mensch nämlich allenfalls Teile in sich war, welche ihm gegeben sind.[138] Vergleichbar einer in der Sonne verblichenen Photographie. Es ist gerade einmal eine Ahnung von dem, was war und was sein könnte vorhanden. Anders bei einem Menschen, der seine Identität durch Gott anerkennt. Für ihn ist Diese ihm bereits seit der Schöpfung und seiner Geburt gegeben. Und dass es für ihn darum geht, diese zu entwickeln sprich in allen seinen Facetten geben zu lassen und zu nehmen. Jetzt befinden wir uns an der entscheidensten Stelle der Identität der Menschen. Ich hatte bereits erwähnt, dass wir ein guter Gedanke Gottes sind, dass der Gedanke in die Tat umgesetzt wurde und dass der Mensch mit einem Teil dessen was Gott ausmacht be-gabt wurde. Seine Identität

---

[136] *5.Mose 8,17 / 1.Sam 2,9 / Röm 10,3*
[137] *1.Kor 1,30 / Kol 1,10 / 2.Pe 3,18*
[138] *Jes 40,28 / 1.Pe 1,20 / Hiob 37,5.7 / Ps 9,17*

steht im wahrsten Sinne im Zusammenhang mit Gott. Alles was der Mensch ist und darstellt, ist ein Ausfluß von Gottes Größe. Der Mensch bildet sozusagen eine gewisse Einheit mit Gott. Und jetzt geschieht das scheinbar Unfassbare. Diese Einheit wird durch den Sündenfall durchtrennt. Die meisten kennen die Geschichte. Hier geht aber nicht nur die Einheit verloren,[139] sondern auch das Paradies als Heimat[140] und auch ein Stückweit das übernatürliche Handeln.[141] Darauf werden wir noch später zu sprechen kommen. Was ich hier ansprechen möchte ist, dass sich der Mensch seit diesem Zeitpunkt in einem Dilemma befindet. Die Ursprünglichkeit ist ihm verloren gegangen und so versucht er entweder aus eigener Kraft und Willensentscheid etwas aufzubauen[142] oder, er versucht wieder den Anschluß zu finden.[143] In beiden Fällen ist das Resultat nicht zufrieden stellend. Der eine stellt fest er schafft es nicht alles zu machen. Und der Andere kann sich ausstrecken wie er will und erreicht das Ziel doch nicht. Man kann es in etwa mit den Wurzelenden eines Baumes vergleichen, die zum Zeitpunkt X gekappt wurden. Während die einen Wurzeln sich nun in eine andere Richtung mit anderen Bodenverhältnissen bewegen,

---

[139] *1.Mose 3,9*
[140] *1.Mose 3,23-24*
[141] *1.Mose 1,26.28 / 1.Mose 2,15 / 1.Mose 3,15*
[142] *1.Mose 11,4-6*
[143] *Jes 58,3*

versuchen die anderen Wurzelteile wieder Anschluss an das Wurzelsystem zu finden. Und nun zeigt Gott die Lösung in bzw. durch Jesus Christus auf. Die Barrieren, welche vorher noch vorhanden waren, sind jetzt hochgefahren. Es besteht nun die Möglichkeit wieder zur Ursprünglichkeit (mit gewissen Abstrichen) zurück zu kehren.[144] Das bedeutet: Ich kann wieder Gottes gute Gedanken erkennen. Ich kann mich erkennen, wer ich in Ihm bin und wie er mich geschaffen hat. Ich begreife, dass er eine Absicht mit meinem Leben hat und dass er mir dazu auch noch das nötige Rüstzeug gibt. Dies alles und noch mehr (was ich noch aufzeigen werde) hat nur eine Bedingung, damit ich daran Anteil nehmen kann. Ich muss Gottes Handeln und Ansprüche akzeptieren, mein bisheriges Fehlverhalten (inklusive Sünde) zugeben und um Vergebung bitten und diese auch erhalten und zwar durch den Tod und die Auferstehung von Jesus Christus Seinem Sohn.[145] Dann ist erst der Zugang zu Allem vorhanden. Allerdings muss ich hier noch ein Einwurf los werden. – Dies bedeutet nicht, wie manche sich zu Christus zählenden Menschen annehmen, aussagen und handeln, weiter zu machen nur mit verbesserten Möglichkeiten, Segnungen und Voraussetzungen.[146] Nein!

---

[144] *Eph 2,13 / 2.Pe 1,4*
[145] *Kol 1,21-23*
[146] *Röm 6,2.15*

Wir müssen feststellen: Es ist eine vollkommen NEUE Kreatur (ein NEUER Mensch) enstanden.[147] Dies wird auch noch einmal in der Taufe aufgezeigt.[148] Es gilt: Das alte Leben muss zum Ende kommen damit das neue Leben anfangen kann.[149] Gott kann mit meinem alten Leben, welches in allen Teilen eine Antihaltung gegenüber Gott eingenommen hat, nichts anfangen, sondern es widersteht Ihm und daher hat es in Seiner Gegenwart auch keine Lebensberechtigung mehr.[150] Durch meine „Lebensübergabe" ist es Ihm aber nun möglich den „alten Menschen" sterben zu lassen und mir einen neuen Menschen zu geben bzw. aus mir zu machen, um dieser neue Mensch zu sein. Daher geht es nicht um eine Verbesserung, auch nicht um eine Erneuerung sondern, um etwas ganz Neues.[151] Ein neues Leben unter Anerkennung Gottes Absichten und Handeln, sowie einen Lebensstil der dessen Rechnung trägt. Es ist absurd ein neues Leben zu bekommen und nicht den notwendig dazu gehörenden Lebensstil auszuleben.[152] Es wäre ungefähr so wie, ich habe eine Bruchbude von Haus in dem in einem Teil auch noch die Tiere leben, wodurch das Haus nicht gerade sauber ist. Jetzt wird alles abgerissen und

---

[147] *2.Kor 5,17*
[148] *Röm 6,4 / Kol 2,12*
[149] *Röm 6,6.8 / 2.Kor 5,15*
[150] *1.Kor 5,8 / Eph 4,22 / Kol 2,20*
[151] *Gal 3,15 / Röm 6,4*
[152] *Kol 2,6 / Eph 2,10 / Eph 4,1.17 / Eph 5,8.15*

dafür wird ein schmuckes, glänzendes, sauberes Haus gebaut und hingestellt. Und jetzt passiert das Absurde. Anstatt geflissentlich den neuen Zustand des Hauses nicht nur aufrecht zu erhalten sondern, noch schöner werden zu lassen, hole ich nun die Tiere alle wieder mit ins Haus. Die Folge ist, dass sich an den vorherigen Zustand so gut wie nichts geändert hat.[153] Es geht also nicht ein neues Leben haben zu wollen ohne auch den dazugehörenden Lebensstil an den Tag zu legen (sichtbar werden zu lassen). Derjenige/Diejenige welche jedoch diese Schritte vollzogen hat, hat nun auch Zugang zu weiteren Teilen, die meine wahre Identität ausmachen und das schauen wir uns jetzt an.

*
Die göttliche Heimat

Wie ich bereits an einigen Stellen zuvor anklingen ließ, haben die Menschen, welche zu Christus gehören auch eine Heimat. Diese Heimat/Zuhause wird jedoch erst bei der Lebensübergabe an Gott aktuell.[154] Was heißt das? Nun, so lange ich keine Entscheidung für Gott respektive Christus treffe, lebe ich unter der Herrschaft der Welt.[155] Und somit ist die Welt, oder der Teil der Welt wo ich

---

[153] *Mt 12,43-45 / Gal 4,9 / Röm 1,28 / Ph 3,17.19 / 2.Pe 2,20*
[154] *Lk 18,28-30 / Joh 18,36*
[155] *2.Kor 4,4*

geboren bin, aufgewachsen bin, oder lebe, meine Heimat.[156] In dem Moment jedoch, wo ich mich durch meine Entscheidung für Jesus und gegen das Weltsystem und dessen Herrscher entscheide, „verliere" ich meine Heimat in der Welt (Ich hatte es bereits schon einmal angedeutet).[157] Lebe ich denn nicht mehr an dem Platz der ehemaligen Heimat? – Körperlich sicherlich schon.[158] Geistlich und im juristischen Sinne gesehen, nein. Es ist so! – Das entspricht den Tatsachen bei Gott! Nicht nur, dass mir der Beherrscher der Welt die Erlaubnis der Heimat versagt,[159] ich habe ja selbst durch meine Entscheidung gesagt, dass ich eine neue Heimat haben will und habe. Und hier an dieser Schwelle steht dann mancher Christus Gläubige und weiß nicht weiter. Wieso?

Hast Du mal gläubige Menschen kennengelernt, welche hin und wieder in sich ein Gefühl von Heimatlosigkeit spüren? Oder spürst Du es sogar selber?

Das ist genau der Zeitpunkt, wo unser Geist erkennt oder sichtbar werden lässt, dass die Welt nicht unser Zuhause ist.[160] Andererseits kenne ich mein neues Zuhause noch nicht. Und so stellt sich ein Gefühl von Alleingelassensein ein. „Und wie werde ich das wieder los? – Wie lerne ich

---

[156] *Gal 4,3 / Eph 2,2.12*
[157] *Joh 15,19 / Gal 6,14 / 1.Joh 3,1*
[158] *Joh 17,14-23*
[159] *1.Kor 4,11 / Gal 6,14*
[160] *Heb 13,14 / Heb 11,14*

meine neue Heimat kennen? – Und hat das auch mit meiner Identität zu tun?" Ich hatte ja in dem Abschnitt zuvor aufgezeigt, dass durch eine Entscheidung für Jesus der ursprüngliche Beziehungszustand wiederhergestellt wurde. Und dies ist gewissermaßen auch in Bezug auf unsere Heimat der Fall.[161] „Ja aber wie erlebe, erfahre ich die?" – Wirst Du jetzt fragen.[162] „Ich sehe sie ja nicht." Laß mich Dir erklären. Diese Heimat existiert und zwar in Ewigkeit. Das heißt sie war vor mir da, sie ist jetzt da und sie wird da sein wenn ich meine irdische Hülle bereits abgelegt habe.[163] Warum ich sie jetzt mit meinen körperlichen Augen nicht sehen kann, hat mit der Auswirkung des Sündenfalls zu tun. ABER! Und das ist eines der großen ABER. Durch meine Entscheidung zu Jesus habe ich ja ein neues Leben und auch das neue Zuhause, welches ich auch sehen und erleben kann und zwar indem ich meine geistlichen Augen aktiviere. Erinnerst Du Dich an Elisa und seinem Knecht? Ihm mussten auch erst „die Augen" geöffnet werden, um zu sehen.[164] Und das können wir auch, in Bezug auf unser neues Zuhause, bei Gott in Anspruch nehmen.[165] Zudem gibt uns Gottes Wort noch ein paar Anhaltspunkte darüber,

---

[161] Ph 3,20 / Kol 3,1
[162] Joh 14,23 / Mk 10,29-30
[163] Joh 14,2 / Eph 2,19
[164] 2.Kön 6,17
[165] Eph 1,18

79

um meine neue Heimat kennen lernen zu können. Und hier spricht es von der Umgebung der Wohnung, von dem Umgang miteinander und auch von den weiteren kreativen Handlungsweisen.[166] All das, was die Welt uns anzubieten versucht, ist nur ein billiger Abklatsch gegenüber dem, was bei Gott ist. Diese Heimat sollte jeden Christusgläubigen mit Freude und in gewissem Maße mit Stolz erfüllen. Diese Identität der Heimat, ist nicht die eines Staatenlosen sondern die eines Bürgers des besten Landes was es je gegeben haben könnte, gibt, oder je geben wird.[167] Es gibt kein Vergleich dazu, weil der Rahmen dessen in jedem Fall gesprengt wird. Eines muss noch zu diesem Bereich gesagt werden. Wenn meine Identität unter anderen jetzt, in Bezug auf meine Heimat, bei Gott ist, wie verhalte ich mich denn nun? – Ich gehöre ja nicht mehr zur Welt, lebe aber noch in der Welt. In diesem Dilemma stand auch Paulus. Und es fiel ihm auch nicht gerade leicht. Von ihm erfahren wir, dass er nicht weiß, was für ihn besser wäre; zu sterben um bei Gott zu sein oder noch eine zeitlang weiterhin auf der Erde zu bleiben, um das von Gott gegebene Werk fortzuführen. Es wurde, gemäß Gottes Plan, noch eine Zeit auf der Erde.[168] Dieser Abschnitt zeigt

---

[166] *2.Pe 3,13 / Off 21,3 / 2.Mose 24,10 / 5.Mose 10,14 / 1.Chr 16,31 / 2.Chr 20,6 / Ps 8,2 / Ps 19,2 / Jes 65,17 / Jes 66,22 / Mt 6,20 / Mt 8,11 / Mt 22,30 / 2.Kor 5,2*
[167] *Ph 3,20*
[168] *Ph 1,21-26*

ganz deutlich auf, wo Paulus seine Prioritäten gesetzt hat. Und immer wieder wurde er es nicht müde aufzuzeigen, wo auch die Priorität eines Christus Nachfolgers sein sollte. Nämlich nicht auf der Erde mit irdischen Gedanken und Dingen sondern bei Gott.[169] Jemand der sich als Nachfolger Christi bezeichnet und dessen Herzensanliegen nicht grundsätzlich auf die göttlichen Dinge ausgerichtet ist,[170] hat wenig, oder zumindest weniger, Verlangen nach der Heimat (die ihm gegeben ist) bei Gott.[171] In der Folge weiß er auch nur sehr wenig von dieser Heimat. Und wenn er einmal etwas darüber hört, neigt er schnell dazu es auch wieder zu vergessen. Ist das Absicht? – Mit Bestimmtheit nicht in jedem Fall.[172] Aber um mit Jesus zu sprechen: Dort wo mein Schatz ist, dahin ist auch mein Verlangen.[173] Wir sehen also, wenn meine Identität nicht darin gewurzelt ist, wo meine Herkunft ist (und wohin ich als Christ wieder hingehen werde), werde ich wie entwurzelt sein und schwerlich „Zugang" zu meiner neuen Heimat haben und sie bleibt mir fremd.[174] Wie ich bereits am Anfang des Buches erwähnt hatte, gehört die Heimat unweigerlich zu einem Teil zu meiner Identität dazu. Was Manchem in Bezug auf die Heimat jedoch nicht

---

[169] *Kol 3,2 / Ps 69,10*
[170] *2.Thess 3,5 / Ps 39,8 / Spr 21,20 / 1.Joh 4,4-5*
[171] *2.Kor 6,14 / Röm 8,25 / Off 3,16 / Heb 6,11 / 2.Pe 1,8*
[172] *Mt 13,20-22 / Jak 1,25*
[173] *Lk 12,33-34 / Mt 13,44*
[174] *Eph 4,18 / Joh 3,12*

so bewußt ist oder wird ist, jeder ist ein Repräsentant seiner Heimat, ob dies nun explizit zugesprochen wurde oder nicht.[175] Egal wo er sich aufhält, er wird erkannt woher er stammt. Dann hört man solche Sätze wie: Typisch … ; Es kann ja nicht anders sein denn er kommt aus … ; Ich hab es doch gewusst der kommt von … ; Wieder einmal die … . Vielen an Christus Gläubigen wird dies jedoch offensichtlich nicht klargemacht, dass auch sie ein Repräsentant ihres Landes, also Gottes Reich sind.[176] Und das ist ebenfalls ein Teil ihrer Identität. Jetzt wirst Du sagen: was ich, ein Repräsentant von Gottes Reich? – Ja, Du. Ob Du es Dir nun ausgesucht hast oder nicht.[177] Ob Du es offensichtlich auslebst oder nicht. Du bist es einfach und zwar von dem Zeitpunkt Deiner Entscheidung für Christus. Gottes Wort geht sogar noch weiter, indem es sagt, dass wir Statthalter/Botschafter sind.[178] Jetzt wirst Du sagen: Mir ist nicht gesagt worden, dass ich das nun bin. Kann ich das auch ablehnen? –

Tut mir leid es Dir sagen zu müssen: Nein!

Warum?

Ein weiteres Beispiel, welches ich hier anfüge soll dies deutlich machen. Ein Kind, in einer Königsfamilie hinein geboren, ist ob es das will oder nicht ein Repräsentant und

---

[175] *Joh 17,18-20 / 2.Kor 2,14 / Eph 5,8*
[176] *Mt 12,33 / 2.Kor 3,2*
[177] *1.Joh 3,1*
[178] *2.Kor 5,20*

Botschafter (und zwar der Höchste) des Königreiches bzw. seines Landes. Und je eher es dies anerkennt und darin lebt, desto stärker kommt diese Identität zum Vorschein. Und so ist es auch mit jeden Christusgläubigen. Er ist mit seiner Entscheidung in den Stand einer vollkommen rechtsgültigen Kindschaft versetzt worden.[179] Jetzt wirst Du mir sagen: Schön und gut ich bin Botschafter aber, wo ist das Botschaftsgelände, wo das Reich, welches ich repräsentiere?

Wie ich bereits schon einmal angedeutet habe, ist Gottes Reich ständig präsent, und dass SEIN Widersacher sich die Erde durch Lug und Betrug angeeignet hat.[180] Wenn ich dies jetzt einmal umsetze, ist es doch so, der Botschafter ist in erster Linie den Gesetzen *seines* Landes und allen Dingen, welche damit zu tun haben, unterstellt.[181] Er befindet sich egal wo er ist und welchen Ort, welche Wohnung er sich ausgesucht hat (oder hingeschickt wurde), auf exterretorialem Gebiet.[182] Das bedeutet: Der derzeitige Herrscher hat kein Anrecht darauf Einfluß zu nehmen, was „auf dem Botschaftsgelände" passiert (es sei denn, man gibt es ihm).[183] Da ich mich als Botschafter jedoch in der Welt

---

[179] 1.Joh 3,1-2 / Eph 1,5 / Gal 4.5-7 / Röm 8,29
[180] 1.Mose 3,13 / Joh 8,44 / 1.Pe 5,8
[181] *1.Kor 9,20-21 / 2.Tim 2,4 / Gal 2,20*
[182] *2.Kor 6,14-16*
[183] *Röm 8,14 / Eph 4,27 / Jak 4,7*

befinde, bin ich angehalten, soweit es meinem Herrn gefällt bzw. er es gut heißt, mich in dieser Welt zu bewegen.[184] Ein Aspekt dessen ist dann auch, dass ich die erste Anlaufstelle für „Asylsuchende" und deren Ummeldung bin. Ich bin sozusagen auch mit für die Aufklärung des Prozederes der Mitgliedschaft in Gottes Reich zuständig.[185] Wir sehen also Identität in Bezug auf meine Heimat „Gottes Reich" umfasst so viel mehr als nur – hier bin ich geboren, hier lebe und sterbe ich.

*

Kindschaft

Wenn ich zuvor über das Niederreissen der Trennung zwischen Gott und den Menschen und über die neue Heimat gesprochen habe, darf der Bereich der Kindschaft nicht vergessen werden. Denn, allzuoft wird dieser Bereich unterschätzt. Und ich sage hier bewusst Kindschaft deshalb, weil es sowohl die Söhne wie auch die Töchter betrifft.[186] Und in den nächsten Zeilen will ich erklären, was das bedeutet. Denn häufig unterliegen wir einem Mißverständnis in diesem Bereich. Da allzuhäufig nur eine Seite bevorzugt an den Mann bzw. die Frau gebracht wird. Es ist zum Teil wie bei der Mode, das was gerade bei

---

[184] Ph 2,15 / Jak 4,13- 15
[185] Ph 4,5
[186] 2.Kor 6,18 / Mk 10,30

bestimmten Menschen wichtig ist, wird als Richtung für viele andere vorgegeben (Und ich meine hier nicht prophetische Worte anhand derer man sich vorbereitet). Es geht rein um „Lieblingsthemen". Diese werden dann für Mitgeschwister vorgegeben auch wenn diese, geistlich gesehen, ganz woanders stehen und von Gottes Sicht etwas anderes lernen sollten.[187] Und gerade was den Bereich der Kindschaft anbelangt sind wir häufig dazu geneigt den 5. Schritt vor dem Ersten zu machen. Das heißt z.b. Fahrrad fahren zu sollen anstatt ersteinmal aufrecht zu sitzen. Ich habe leider auch schon häufig den Fehler begangen von Menschen in einem gewissen Zeitraum Dinge zu erwarten, die sie noch nicht in der Lage waren zu leisten. Sodass mich der Herr darauf hinweisen musste, aus SEINER Sicht die Themen anzugehen.[188] Wenn ich also jetzt den Bereich der Kindschaft in Gott anspreche, möge der Leser mit Gott darüber sprechen, was gerade für ihn wichtig ist. Eines darf ich auf keinen Fall machen – meine leiblichen Eltern und deren Elternschaft 1:1 als Beispiel für Gottes Elternschaft, und wie sie sich ausdrückt, zu übertragen.[189] Egal wie gut die Eltern auch sein mögen, oder wie nahe sie an Gottes Vorstellungen auch heranreichen. Sie werden es nicht erfüllen können.

---

[187] *1.Joh 2,12-14 / Heb 5,11-6,2*
[188] *Joh 21,21-23 / Gal 6,4 / 2.Kor 10, 15 / 2.Thess 1,3 / Kol 1,6*
[189] *Hos 11,9 / 4.Mose 23,19*

Zudem mache ich als Mensch häufig den Fehler von ihnen auf Gott zu schließen. Aber es ist genau umgekehrt. Jedes Vorbild für richtige Elternschaft kommt von Gott.[190] Und ich täte gut daran mich an IHN auszurichten. Da ich ja auch genügend Hilfen in SEINEM Wort finde.[191] An dieser Stelle möchte ich nun weiter ansetzen um den Status und dessen Auswirkung in und bei Gott zu erklären. Denn, es wird das Verständnis der Identität in Gott grundlegend festigen. Und auch hierzu ist es notwendig das ganze Wort Gottes zu Rate zu ziehen. Wir sehen nämlich, dass durch den Sündenfall nicht nur ein Schnitt/Trennung in dem reinen Verhältnis zwischen Gott und dem Menschen geschehen ist, sondern auch in der Beziehung.[192]

In einer besonderen Art und Weise waren Adam und Eva Seine Kinder – geboren aus Seinen guten Gedanken und als Abbild Seiner selbst.[193] Bis zum Sündenfall waren sie ein Beispiel Gottes. Und hätte es zu diesem Zeitpunkt noch andere Menschen gegeben, hätten diese auf sie zeigen können und sagen: „ Die kommen von Gott!", „Das ist typisch Gottes Werk!" usw. Und auch die Verhaltensweise Gottes mit der Übertragung von Verantwortung entspricht dem von Eltern gegenüber ihren eigenen Kindern.[194] In

---

[190] *Eph 3,15*
[191] *Spr 4,20 / Spr 22,6*
[192] *1.Mose 3,9-10*
[193] *1.Mose 1,26 / Joh 14,9 / 2.Kor 3,18 / Jak 3,9*
[194] *1.Mose 1,26.28 / 1.Mose 2,5.15*

diesem Verständnis können wir nun den Sündenfall als Bruch in der familieren Beziehung sehen. Der Mensch hatte sich distanziert. Aber, wie bei einer gut funktionierenden Elternschaft, so hat auch Gott den Menschen nicht vergessen[195] sondern ist einen Weg gegangen, um diese Beziehung wiederherstellen zu können. Dies beruht jedoch auf eine wechselseitige Annäherung.[196] So sehen wir im Wort Gottes, dass Gott mit bestimmten Menschen einen Neuanfang machen konnte.[197] Eingedenk der Tatsache, dass eine vollkommene Wiederherstellung zu dem Zeitpunkt nicht möglich war. Eines tat Gott jedoch: Er gab mit der Erwählung einer „Familie" woraus ein Volk erwuchs,[198] ein Beispiel für Seine Absichten. Dabei gibt es ein paar Schlüsselworte, welche für den Weg zur Wiederherstellung der Kindschaft (Sohn/Tochter) prägnant sind. Diese sind Liebe, Glaube, Loyalität, Gehorsam, Erbe und u.a. Stellvertretertum („herrschen").

Es ist die Liebe welche Eltern und Kind in ihrer Beziehung zueinander nicht nur festigt sondern in ihrer einzigen Art besonders macht.[199] Und weil jedes Kind anders ist, gehen

---

[195] *5.Mose 4,31 / Jes 49,15 / Hos 11,3*
[196] *Jak 4,8*
[197] *Röm 4,21-22 / 1.Mose 18,18*
[198] *5.Mose 26,19 / 5.Mose 4,6 / 5. Mose 7,6-8*
[199] *Hos 11,1 / Röm 5,5 / Röm 8,39 / Röm 8,15 / Gal 4,6*

die Eltern auch auf diese Tatsache entsprechend ein.[200] Und es gibt daraufhin eine dementsprechende Gegenreaktion von Seiten der Kinder. Wenn ich jetzt einmal davon ausgehe, und dies ist keine einfach dahin gesagte Hypothese, dass Adam und Eva (stellvertretend für alle Menschen) eine intakte „familiere" Beziehung mit Gott hatten, und diese nun durch den Sündenfall definitiv nicht nur gestört sondern getrennt wurde dann, sehe ich auch durch Gottes Wort, wie sehr es ihm daran lag, dass diese Beziehung wiederhergestellt wird.[201] Dazu muß natürlicher Weise auch aufgezeigt werden, was wiederhergestellt wird. Es wäre zu einfach und zu oberflächlich zu sagen: Hier ist Sünde und Schuld, die vergeben werden wird, wenn bestimmte Dinge erfüllt sind.[202] Und dann ist Alles wieder in Ordnung. Aber was ist denn wieder in Ordnung?

Nun, in Bezug auf meine Identität als Sohn/Tochter Gottes kann ich folgendes sehen und festhalten:

- Ich erkenne an, Gott hat die absolute Autorität, dass zu tun, was er sagt. Er hat das letzte Wort.[203]

- Ich erkenne an, Er will mich auf Seinen Wegen leiten und zwar in verschiedenster Art und Weise – damit es mir gut geht.[204]

---

[200] *Joh 21,21-22 / Apg 9,15-16 / Gal 2,9 / Apg 10,15*
[201] *Jes 65,2 / Lk 13,34 / Lk 18,8*
[202] *Joh 19,28 / Tit 3,5*
[203] *Röm 4,21 / 1.Pe 1,25 / Jes 55,11 / 1.Kön 8,60 / Jes 45,22*

- Ich erkenne an – Er zeigt mir, dass Er mich kennt und weiß was ich brauche. Und, Er gibt mir was ich brauche.[205]

- Ich erkenne an – Er hat im Voraus etwas für mich vorbereitet, sodass ich wenn ich dahin komme es erhalte.[206]

- Ich erkenne an – Er will mir an dem was Er tut Anteil geben.[207]

- Ich erkenne an – Er gibt mir Autorität und Möglichkeiten in Seinem Sinne zu handeln.[208]

- Und was über Allem steht: Seine Liebe zu den Menschen sprich zu mir ist grenzenlos, unveränderbar, nicht limitiert.[209] Und nochmals gesagt sie war noch bevor Du und ich geboren wurden für Dich und mich da.[210] Ohne Beschränkung und ohne den leisesten Hauch eines Zweifels.[211]

An dieser Stelle könnte der geneigte Leser auf die Idee kommen, dass das Gesagte sich ausschließlich auf die Patriarchen und Israel als Volk bezieht. Aber dies ist nicht

---

[204] *Jes 58,11 / Spr 3,12 / Ps 23,2 / Ps 16,11 / Ps 18,33*
[205] *Ps 1,6 / Mt 6,8 / 2.Kor 9,8 / 1.Tim 6,17 / 2.Pe 1,3*
[206] *Eph 2,10*
[207] *Kol 1,12 / 1.Kor 2,9 / Am 3,7 / Joh 15,16 / Kol 2,10*
[208] *2.Kor 5,20 / Lk 10,20 / Eph 6,10 / 2.Kor 2,14*
[209] *Eph 5,2 / Eph 2,4 / Jer 31,3*
[210] *1.Joh 4,19*
[211] *Röm 8,39 / Jak 1,17*

ganz richtig.[212] Und das hat mit dem Werk durch Jesus Christus zu tun. Er hat alle trennenden Dinge, welche zwischen Gott und den Menschen (also auch mir) standen, erfüllt und somit ein für alle mal erledigt.[213] Zumal das Leben und Wirken von Jesus Alle betrifft.[214] Und jetzt kommt die wichtige Aussage: Jetzt haben durch Glauben und Akzeptierung des vorher Erwähnten nicht nur Israel als Volk Gottes (weil sie den Vorrang haben) sondern alle Menschen, aus allen Nationen und Stämmen, denselben Zugang mit Allem, was dazu gehört.[215] Und dies auf derselben Grundlage wie das Volk Israel. Ich hatte lange Zeit gedacht und geglaubt, dass alle Nicht-Israeliten nur adoptiert sind. Aber dem ist nicht so!!![216]

Wie bereits gesagt und angedeutet, durch das Leben und Wirken Jesus Christus, in seinem ganzen Ausmaß, ist eine neue Basis entstanden, von der Alle, und das sage ich bewusst und meine wirklich Alle, neu und gemeinsam anfangen können.[217] Das bedeutet aber auch, dass ich wohl mein Leben umstellen muss. Minderwertigkeit z.B. hat keine Berechtigung mehr denn, ich bin, Du bist ein Sohn, eine Tochter Gottes in und durch Christus. Erneut gesagt bedeutet dies, dass ich als Kind Gottes alle Rechte und

---

[212] *Abraham als Vorbild des Glaubens Röm 4,20-25*
[213] *Röm 5,10-11*
[214] *Röm 3,9-12.21-25*
[215] *Röm 4,13.16*
[216] *Röm 5,12 / Röm 3,29 / Röm 8,16-17 / Röm 9,23-26 / Eph 2,11-19*
[217] *Gal 3,28 / Röm 6,4 / Joh 3,3-6*

Pflichten habe, welche damit eben verbunden sind. Und zwar in Gottes Sinne und nicht in dem Meinen.[218] Weiterhin bedeutet es auch, ich muss meine Einstellung gegenüber bestimmten Menschen, Menschengruppen etc. ändern. Ob es nun emotional, politisch oder wie auch immer geartet ist. Warum? Weil sie durch die Annahme durch Christus zu meinen Geschwistern geworden sind.[219] Das heißt jedoch nicht, dass ich mit allem einverstanden sein muss, was sie tun oder denken. Aber wir können einander helfen, mehr unseren gemeinsamen Vater kennenzulernen.[220] Und zwar mit aller notwendigen Liebe und Rücksicht die erforderlich ist.[221] Ich stelle also fest: Es ist Gottes unbedingte Absicht, dass ich ein Verständnis von meiner Identität als Sohn/ Tochter bekomme, habe und darin lebe.

---

[218] *Gal 2,20*
[219] *1.Joh 5,1 / Heb 2,10-14*
[220] *Gal 5,13 / 1.Pe 4,10 / 1.Kor 10,33*
[221] *Ph 2,4*

*

Der Heilige Geist

In dem nächsten Abschnitt will ich auf die Rolle des Heiligen Geistes für meine Identität eingehen. Wie, was hat denn der Heilige Geist mit meiner Identität zu tun? Mehr als wir denken. Ich muss mir nur einmal bewusst werden, welche Aufgabe der Heilige Geist mir gegenüber hat. Er ist der Odem Gottes,[222] welcher Leben bringt; Er wird mir Alles in Bezug auf Jesus erklären;[223] Er nimmt von dem, was Gottes ist und gibt es mir;[224] Er bringt Offenbarung über Kommendes (auch auf meinem Weg);[225] Er rüstet mich mit übernatürlichen Gaben aus;[226] Er gibt Unterstützung auf meinem weiteren Weg.[227] Ich kann also aus Gottes Wort heraus sehen, dass der Heilige Geist dabei war, als ich in Existenz kam.[228] Und nur durch Leben kann sich Identität auch ausdrücken. Wenn es mich nicht gäbe, würde es auch meine Identität nicht geben. Wenn der Heilige Geist Alles in Bezug auf Jesus erklären wird dann, spricht dieser Vers auch unweigerlich von mir denn, durch meine Lebensübergabe ist mein Leben unweigerlich

---

[222] *Hes 37,5.14 / 1.Mose 6,3 / Hiob 32,8 / Hiob 33,4 / Pred 12,7 / Jak 2,26*

[223] *Joh 14,26 / Joh 15,26 / Heb 10,15ff*

[224] *Joh 16,13-15 / Eph 1,13-14*

[225] *Joh 16,13 / 1.Kor 2,10 / Neh 9,20 / 1.Tim 4,1 / 1.Pe 1,11*

[226] *1.Kor 2,12 / 1.Kor 12,4ff / Spr 1,23 / 1.Kor 12,11*

[227] *Röm 8,16 / 2.Kor 3,18 / Gal 5,25 / Ps 143,10*

[228] *1.Mose 1,26 / Hiob 33,4*

mit dem Leben Jesu verbunden.[229] Und wenn der Heilige Geist jetzt etwas über Jesus erklärt, damit ich Jesus besser verstehe, hat dies auch unbedingt Auswirkung auf mein Leben und somit auch meine Identität in Christus. Wenn es weiter heißt, dass er von Gottes Dingen nehmen wird, um es mir zu geben, was heißt es nichts Anderes als, dass ich berechtigt bin auch etwas zu empfangen?[230] – Und wer empfängt nicht eher als ein Erbe/eine Erbin?[231] Damit wird doch zudem angezeigt, dass ich zur Familie gehöre. Meine Identität berechtigt mich zu empfangen. Der Heilige Geist wird mir das Kommende verkünden. Warum? Weil ich sonst nicht fähig bin damit fertig zu werden? Meinem Verständnis zufolge macht er das, damit der/die Einzelne oder auch Gruppe sich darauf einstellen können und die dafür notwendigen Vorbereitungen treffen können.[232] Er lässt mich also an dem Anteil haben, was Er Gott tun möchte, damit ich mit Gott übereinstimmen kann und für meinen Bereich Verantwortung übernehme.[233] Denn, warum sollte ich Informationen bekommen, um damit nichts anfangen zu können?

Meine Identität wird also herausgefordert mit Gott übereinzustimmen und mein Teil an Verantwortung zu

---

[229] 2.Kor 5,15
[230] Heb 6,7 / 1.Kor 2,12 / 1.Kor 4,7 / Ph 4,9
[231] Kol 3,24 / Eph 1,13-14
[232] 1.Pe 1,11-12 / Lk 2,26
[233] Z.B. 1.Tim 2,1-4 / 1.Mose 18,17-18 / 1.Kor 2,13

übernehmen.[234] Außerdem ist Er es, welcher mich mit übernatürlicher Gabe oder Gaben ausrüstet.[235] Machen diese Gaben meine Identität aus? - Ich würde sagen zum Teil. Denn zum einen sind diese Gaben nicht etwas, was mich als Person ausmacht. Andererseits können sie Teil meines Lebens und Verständnisses sein.[236] Wenn z.b. davon gesprochen wird, dass Person XY Hirte, Prophet, Heilungsgabe oder übernatürlicher Glaube hat, besitzt oder ist.[237] Und so wird diese Person auch von außenstehenden gesehen, als sozusagen personifizierte Gabe.[238] Es ist die Ausrüstung mit Kraft, um im Sinne Gottes handeln zu können und zu sollen.[239] Und das hat auch mit meiner Identität zu tun. Weil es Seine Kraft ist, die etwas in und durch mich bewirkt (egal wie es sich im positiven Sinne zeigt).[240] Zudem ist der Heilige Geist der Ratgeber, welcher mir auf meinem Weg hilft und mir Wahrheit gibt. Er zeigt mir zum einen den richtigen Weg und hilft mir zum Anderen in der richtigen Art und Weise auf dem Weg zu bleiben. Der Heilige Geist hilft mir meine Identität zu erkennen und in Weisheit darin zu wachsen, während ich den Weg gehe,

---

[234] *1.Pe 2,9*
[235] *2.Mose 35,34 / Röm 12,6ff / Jak 1,17*
[236] *2.Tim 1,6 / 1.Pe 4,10*
[237] *1.Kor 12,28-30*
[238] *Eph 3,7 / Eph 1,13-14*
[239] *Röm 11,29*
[240] *Hes 36,36-37 / Röm 8,14*

den Gott für mich gedacht hat. Und somit benötige ich den Heiligen Geist, um der zu sein und zu werden, der ich in Christus bin.

*
Vorbereitete Wege

Wie ich an anderer Stelle bereits erwähnt hatte gibt es für jeden Menschen von Gott auch vorbereitete Wege auf denen man durchs Leben gehen könnte bzw. sollte. Zuvor erwähnte ich, dass der Heilige Geist mir dabei hilft auf dem Weg zu bleiben. Jetzt wollen wir uns doch einmal anschauen in wieweit der Lebensweg vorprogrammiert oder vorgegeben ist.[241] Und was das mit meiner Identität zu tun hat. An dieser Stelle könnte sich mancher beschweren und sagen: „Momentmal ich kann noch eigenständig denken und handeln, ich bin keine Marionette, die man in der Gegend umherschubst." Jemand anderes meint vielleicht, dass er niemanden braucht der ihm sagt was richtig oder falsch ist und dass er den Weg schon alleine findet.[242] Und diese Gedanken findet man nicht nur unter Menschen, welche ohne Gott leben, sondern auch bei Menschen, die angeblich Jesus nachfolgen. Leider lassen sich auch unter den Nachfolgern Christi dieses und auch weiteres weltliches Gedankengut

---

[241] *Pred 1,9*
[242] *Spr 12,15 / Spr 16,9 / Spr 20,24 / Spr 21,16 / Spr 18,2*

finden wie: Viele Wege führen nach Rom; der Weg ist das Ziel; wir haben doch alle denselben Weg; Jeder ist seines Glückes eigener Schmied. Das hört sich ja alles ganz nett an aber, entspricht es Gottes Vorgaben?

Wir sehen allein schon daran, dass als Jesus zwei verschiedene Richtungen aufzeigt, nicht alle denselben Weg haben.[243] Dies zeigt, die Identifizierung der Wege der einen Gruppe schließt sich mit der der anderen Gruppe aus. Also haben schon einmal nicht alle denselben Weg. Ähnlich ist es mit den Wegen nach Rom. Zur damaligen Zeit war dies Sprichwort sicherlich in mehrfacher Hinsicht wahr. Zum einen gab und gibt es wirklich viele Weg, die nach Rom hinein und hinausführen. Zum anderen war Rom in der Zeit der Machtfülle die größte Stadt zumindest von Europa. Und man konnte nicht einfach an ihr vorbei gehen. Hier wurde Politik gemacht, hier entwickelten sich Trends in den verschiedensten handwerklichen Bereichen und von der militärischen Präsenz ganz zu schweigen. Was jedoch mit dem Sprichwort auch mehr und mehr verbunden wurde und wird ist: Egal welchen Weg ich einschlage, ich komme immer ans Ziel. Es ist sozusagen eine subtile Art zu sagen, der Zweck heiligt die Mittel. In der Welt mit ihrem System mag das ausgelebt werden. Bei Gott jedoch komme ich auf diesem Weg keinen Schritt

---

[243] *Mt 7,13-14*

weiter.[244] Weil der Weg auf dem man zu Gott kommt ein Privatweg ist, der zwar für die Öffentlichkeit benutzbar ist aber, auf dem die Vorgaben Gottes gelten und das ohne Ausnahme.[245] Kommen wir nun zu der schön klingenden Aussage, dass der Weg das Ziel ist. Im Wort Gottes wird diese Haltung als töricht bezeichnet. Immer lernen und doch nicht ans Ziel kommen.[246] Eigentlich müsste einem doch klar sein, dass DER Weg und DAS Ziel zwei unterschiedliche Dinge sind. Der Weg ist dafür da, um von Punkt A nach Punkt B zu kommen, vom Anfang zum Ziel. Wenn ich aber zu keinem Ziel kommen wollte, brauche ich auch keinen Weg. Dann kann ich da bleiben, wo ich bin. Andererseits, stell Dir mal vor jemand ist so auf Wege vernarrt, um diese zu gehen. Sicherlich sind auf dem Weg auch Ruhepausen möglich. Und doch kann ich das Umherwandern nicht über Jahre/Jahrzehnte durchziehen. Denn, irgendwann bin ich müde und mir fehlt die Kraft so weiter zu machen.[247] Und noch einen Bereich wollen wir uns einmal anschauen. Nämlich, dass jeder für sich selber schauen muss, wie er durchkommt und das nach eigenen Gutdünken. Es kommt mir manches mal vor, wie wenn Einheimische oder Pfadfinder jemanden durch ein Sumpfgebiet durchführen wollen, der sich nicht auskennt.

---

[244] *Kol 2,16-23 / Joh 14,6 / Eph 5,6 / Gal 1,6-9*
[245] *Ps 119,89*
[246] *2.Tim 3,1-7 / Spr 10,9 / Spr 3,6 / Spr 12,26 / Ph 3,12-14 / 1.Kor 9,24*
[247] *Heb 5,11-12 / Heb 6,11-12 / Pred 12,12*

Aber anstatt sich daran zu halten, was sie sagen, wo und wie der Weg ist, kommt als Entgegnung: „Ich weiß schon, aber ich gehe meinen eigenen Weg!"

Oft gehen solche Menschen, die auf die Erfahrung und Ratschläge nicht hören wollen, dann mit dieser Aussage auch unter.[248] Wie stolz muss jemand sein, wider allen besseren Wissens zu handeln?[249]

Reicht es nicht, wenn andere die Fehler machen, muss ich dann denselben Fehler noch einmal machen?[250]

Wie gut ist es doch dann zu wissen, dass Gott einen Weg für mich geplant hat auf dem ich nicht stolpern und fallen würde,[251] auf dem keine wilden Tiere mir etwas antun können.[252] Ein Weg auf dem ich mich nicht verlaufen kann, weil die Beschreibung deutlich ist.[253] Nach dieser Beschreibung stellt sich nur noch die Frage: In wieweit also hat dieser Weg, den Gott für mich vorbereitet hat, etwas mit meiner Identität zu tun?

Dazu muss ich mir im Wort Gottes ein paar Situationen anschauen. Ich erfahre, dass wer berufen ist auch auserwählt ist.[254] Und somit hat Gott eine bestimmte

---

[248] *Spr 14,12 / Spr 29,1*

[249] *Spr 26,12 / Spr 15,32*

[250] *Spr 12,15 / Pred 4,13 / Jer 6,10*

[251] *Ps 20,9 / Spr 3,6 / Hos 14,10*

[252] *2.Mose 23,29 / Jak 3,7 / 1.Pe 5,8*

[253] *2.Pe 1,10.19 / Heb 2,1 / Spr 15,24 / Ps 145,17 / Ps 25,12 / 1.Kor 9,26*

[254] *Röm 8,28-30*

Absicht mit meinem Lebensweg. Wenn ich z.B. Abraham nehme – Gott hatte einen wunderbaren Weg für ihn im Voraus geplant. *VON* einem Leben ohne einen lebendigen Gott hin *ZU* einem Leben mit dem Wahren Gott und den damit verbundenen Verheißungen.[255] Weiter sehen wir das Volk Israel in Ägypten – Gott hatte einen wunderbaren Weg im Voraus geplant, aus der sie von einem Sklavenleben, den Tod vor Augen, hin zur lebensstrotzenden Freiheit kommen sollten.[256] Und Gideon – Gott lässt ihn erkennen, dass er nicht alleine ist. Und es gibt noch viele andere wie Samuel, David, Salomo, Elia, Elisa, Jesaja, der Simeon bei Jesu Geburt, Petrus, Paulus und, und, und. Warum sträube ich mich so den Weg, den Gott für mich geplant hat, zu gehen? – Erst recht dann, wenn ich weiß, dass es keinen besseren Weg gibt?

Vielleicht aus dem Grund, weil ich den Preis von Mühen, Anstrengung und dergleichen scheue und nicht aufbringen will.[257] Leider mache ich mir nicht bewusst, dass auf den anderen Wegen genauso ein Preis zu zahlen ist. Der sieht zwar zu Anfang nicht so einschneidend aus, danach zahlt man aber immer, in jedem Fall, drauf.[258]

---

[255] *1.Pe 2,9 / Neh 9,7*
[256] *5.Mose 7,6 / 2.Mose 13,14.17-18 / 2.Mose 29,46 / 3.Mose 25,38 / 2.Mose 3,8 / 4.Mose 13,27*
[257] *Lk 14,28 / Lk 9,62 / Heb 12,1-2 / Heb 11,15-16*
[258] *Ps 73,1-19 / 5.Mose 32,29*

Wenn ich also die Begebenheiten im Wort anschaue, dass und wie Gott die Wege für Jemanden plant und bestimmt, dann sehe ich, dass SEINE Absichten nicht nur grundsätzlich lauter und rein sind sondern auch gut.[259] Und sie stellen eine Einheit mit meinem Sein und meiner Bestimmung und somit auch mit meiner Identität dar. Dann stellt sich nun der Eine oder die Andere die Frage, warum es hin und wieder solche Schwierigkeiten gibt. Meine Antwort darauf: Das hat zumeist ganz logische Gründe. Und ich muss mir das bewusst machen. Gott möchte, dass ich wachse, stärker und weiser werde, also vom Kind zum Erwachsenen heranreife.[260] Das werde ich aber nicht, wenn es keine Herausforderungen gibt. Und so muss ich hier und da (im Bezug auf den Weg), weil es das Gelände erfordert, einen Berg erklimmen.[261] Während die einen also langsamer vorwärts kommen, wundern sich die Anderen im Tal, ob diejenigen am Berg ihre Kräfte nicht richtig eingeteilt haben und lassen das auch verbal heraus. Ohne sich darüber im Klaren zu sein, es könnte ihnen zu einem anderen Zeitpunkt genauso ergehen. Ebenso ist es mit Hindernissen, die sich in den Weg stellen.[262] Die Einen schieben diese einfach an die Seite, Andere verheddern

---

[259] *Ps 18,31 / Ps 100,5 / Ps 33,4 / Jak 1,16-17*
[260] *Heb 5,14 / 5.Mose 8,2 / Ps 11,5 / Röm 12,2 / 1.Pe 2,2 / Kol 1,10 / Lk 8,14 / Eph 3,16-19 / Eph 4,13 / 1.Kor 13,11 / 1.Kor 14,20 / 1.Joh 2,14*
[261] *1.Pe 1,7 / Heb 12,12-13 / 1.Kor 10,13*
[262] *Jes 57,14 / Jes 40,3 / Lk 8,14 / Mt 13,25.41*

sich ein paar mal bis sie das Hindernis von ihrem Weg geräumt haben. Aber auch durch solche Situationen wird die Identität gestärkt und offenbart sich. Eine, ich sage einmal in abgeschwächter Form, Empfehlung, welche Gott häufig zusätzlich den Menschen auf dem Weg gibt ist: Mach Dir Markierungen/Gedenkaltäre bzw. Gedenksteine an denen erkennbar ist, hier habe ich „ein Meilenstein" erreicht.[263] Das darf ich nicht vergessen. Warum ist dies Gott so wichtig? Weil Er meine Schwäche durch Ablenkung genau kennt. Wichtig ist dabei nämlich: Diese Markierungspunkte werden dann notwendig, wenn ich mich verlaufen habe und wieder zum letzten Ausgangspunkt zurückkehren muss, damit ich von dort anfangen kann die richtige Richtung einschlagen kann.[264] Du siehst also, selbst der Weg den Gott im Voraus für Dich und mich individuell geplant hat und bestimmt hat (ob ich diesen nun gehe oder nicht) ist Teil der Identität des Christen.

*

Charakter

Im letzten Abschnitt komme ich zu einem Bereich, der für viele wahrscheinlich nicht zur Identität gezählt wird. Und das ist der Bereich von Charakter und Wesenszüge. Gerade in diesem Bereich geht man doch davon aus, dass

---

[263] *1.Sam 7,12 / Jos 4,7 / 2.Mose 12,14 / 2.Tim 1,6 / 2.Pe 1,13*
[264] *1.Joh 1,9 / Lk 3,8*

sich Charakter mit dem Älterwerden herausbildet. Zudem könnte man, auf dem ersten Blick, doch davon ausgehen, dass Charakter- und Wesenszugbildung relativen Schwankungen unterworfen sind oder je nach Wachstum zunehmend sind. Hier möchte ich wieder einmal ansetzen um Gottes Wort sprechen zu lassen. Denn häufig ist uns nicht bewusst, dass Charakter sowohl in der Grundhaltung vorhanden ist, wie auch die Möglichkeit besteht daran zu arbeiten und bestimmte Dinge in meinem Leben zu integrieren.[265] Wir sprechen zum Beispiel von schlechtem Charakter oder Charaktereigenschaften und schließen daraus, dass dieser Mensch ebenfalls schlecht ist, was durch den Ausspruch, „Wovon das Herz voll ist, davon fließt der Mund über", erwiesen ist.[266] Genauso kann dieser Ausspruch auch im Positiven benutzt werden.[267] Das würde aber bedeuten, Charakter und Wesenszüge sind ein Ausdruck meiner Identität. Hin und wieder werden manche auf ihre Charaktereigenschaften hingewiesen und dann bekommt man solche Antworten wie: „Ich bin halt so und so muss man mich nehmen" oder „das ist eben in mir drin, was kann ich dafür" oder „ich habe dieses oder jenes zu ändern versucht aber, ich kann einfach nicht über meinen

---

[265] *2.Pe 1,8-9 / Mt 11,29 / 4.Mose 14,24 / Jak 1,21*
[266] *Mt 12,34 / Mt 15,18 / Mt 23,27-28 / Mk 2,8*
[267] *Spr 18,4 / Spr 20,5 / Röm 7,22 / Eph 3,16*

Schatten springen".[268] Dies sind natürlich negative

Aussagen. Sie zeigen aber deutlich den Zusammenhang

zwischen der Person, die ich bin (sprich meine Identität)

und dem, wie ich dem Ausdruck verleihe. Natürlich kann

durch meinen Willensentscheid die eine oder andere

negative Haltung geändert werden.[269] Dies geht in

manchen Fällen sogar soweit, dass es nach außen hin

aussieht, man hätte keinen schlechten Charakter. Einige

halten dann mit dem Beispiel einer Tube dagegen. Eine

Tube sieht nämlich zumeist, wenn sie neu ist, schön aus

aber, erst wenn auf die Tube Druck ausgeübt wird, sieht

man was drin ist bzw. was heraus kommt.[270] Ich nehme zu

diesem Beispiel dann noch folgendes hinzu: Du lernst den

Menschen kennen, wenn du neben der Person als

Beifahrer im Auto sitzt und man gemeinsam durch eine

Großstadt fährt. Da wurden mir schon bei so mancher

Person die Augen geöffnet, was ich bisher von der Person

nicht gedacht hatte. Daher kann ich die Aussage treffen:

Charakter hat mit meiner Identität zu tun. Und wenn ich die

Erklärung des Wortes Identität vom Anfang des Buches

noch mit hinzuziehe, wird es noch verständlicher.[271]

---

[268] *Röm 10,3 / 1.Kor 2,5 / Tit 3,5 / Heb 11,6 / Mt 19,26 / Ph 2,21 / Gal 3,27*
[269] *1.Kor 15,33 / 1.Kor 15,10 / Heb 12,15 / 2.Kor 5,17 / Gal 2,20*
[270] *Eph 4,22 / 1.Kor 5,7 / Kol 3,9*
[271] *Siehe Identität und Authenzität*

Aber wie komme ich nun als Christ zu meinem Verständnis über meine wahre Identität durch meinen Charakter? Es hat auch hier mit meiner Entscheidung der Lebensübergabe an Jesus zu tun. Gottes Wort spricht in diesem Fall von dem Alten und dem Neuen Menschen. Ich hatte bereits schon einmal davon gesprochen. Hier möchte ich nun aufzeigen, dass der alte Mensch eigene spezifische Charaktereigenschaften besitzt, wie auch der neue Mensch seine eigenen spezifischen Charaktereigenschaften auslebt. Aus negativer Sicht spricht man dann von z.B. einem neidischen Menschen oder Habgierigen, Geizigen, Rechthaberischen, einem Intriganten, einem Egoisten etc.[272] Aus positiver Sicht stände z.B. ein liebevoller Mensch, ein fürsorglicher Mensch, ein hilfsbereiter Mensch, ein Ermutiger usw. entgegen.[273] Während der Alte Mensch also grundsätzlich die Veranlagung zu einem negativen Charakter in sich trägt und dies auslebt, sind bei dem Neuen Menschen die positiven Charaktereigenschaften vorhanden. Ob dies nun ausgelebt wird oder nicht. Warum kann ich diese Aussage treffen?

Weil ich, durch die Errettung in Christus und durch Christus eine neue Schöpfung geworden bin. Und nicht nur das,

---

[272] *Gal 5,16-21.24 / Eph 4,31 / Eph 5,3-5*
[273] *Gal 5,22-23.25 / Eph 4,32 / Eph 5,2.8-9*

sondern Christus lebt in mir. Daher kann es nicht anders sein, als dass die positiven Charaktereigenschaften in mir vorhanden sind.[274] Denn, in Jesus sind keine der negativen Eigenschaften vorhanden.[275] Und wenn ich mehr und mehr die Beziehung zu Christus pflege kommen die positiven Charaktereigenschaften zu Tage.[276] Da sie meiner neuen Natur entsprechen. Das bedeutet, die positiven Charaktereigenschaften sind Teil und Ausdruck meiner neuen Identität. Warum erlebt man es dann doch immer wieder, dass Dinge des Alten Menschen hoch kommen und sichtbar werden? – Das liegt an der Gewöhnung und den Lügen deren ich zuvor ausgesetzt gewesen bin.[277] Nun ist aber der Zeitpunkt, wo diese alten Sachen mich nicht länger in ihren Bann festhalten können, weil sie nichts mit dem neuen Menschen zu tun haben.[278] Es sei denn, ich gebe dem Alten wieder Raum und schenke dem größere Aufmerksamkeit und Glauben, dass alles noch beim Alten ist und sich nichts verändert hat.[279] Die scheinbare Identität, welche ich jedoch vor meiner Entscheidung zu einem Neuen Leben hatte, beinhaltet aber bei weitem nicht das, wer ich in Christus bin. Es macht mich immer fassungslos, wenn Christen herausfinden wollen wer sie in

---

[274] *Eph 5,11 / 2.Kor 6,17*
[275] *2.Kor 6,14-16 / 1.Joh 3,5*
[276] *2.Kor 3,18 / 2.Pe 1,8 / Hiob 17,9*
[277] *Eph 2,2 / 2.Kor 4,4*
[278] *Röm 8,37 / 1.Joh 5,4*
[279] *Röm 13,14 / Heb 3,13 / Jak 1,14 / 2.Pe 2,20*

der Welt sind und welchen Platz sie dort einnehmen.[280] Anstatt danach zu suchen, wer sie in Christus sind.[281] Und weil das so ist, kann die wahre Identität auch nicht zutage treten. Das bedeutet aber auch, nur bei Christus kommt mein Charakter in Gänze zur Vollkommenheit. Und damit möchte ich vorerst schließen denn, ab jetzt ist es in Deiner Hand, wie Dein Leben und Deine Identität aussehen soll. Nicht das Du entscheidest, wie und was in Deinem Leben geschehen soll sondern, ob es in Deinem Leben geschehen soll.

*

Zusammenfassung

Ich möchte an dieser Stelle die Identität in und durch Christus noch einmal zusammenfassen und feststellen:

1. In Christus bin ich wieder in die Position gestellt worden, welche die Menschen vor dem Sündenfall hatten. Und nun kann ich in der Identität leben, die ich bin und habe.
2. Mit meiner Lebensübergabe an Christus bin ich nicht nur neu geboren worden. Ich bin damit auch in die Familie Gottes hineingeboren und bin Sohn/Tocher Gottes mit allen Rechten und Pflichten.
3. Ich bin ein guter Gedanke Gottes und von Anfang an geliebt.

---

[280] *Jak 4,4*
[281] *1.Pe 5,10 / 2.Tim 1,9 / 2.Thess 2,16 / Röm 5,19*

4. Gott hat meine Existenz umgesetzt. Das heißt ich bin gewollt und zwar von Ihm (egal was andere sagen. Der Umstand, wie dies zustande gekommen ist, ist zwar nicht immer glücklich aber, aus SEINER Warte ist es klar). Und Er sucht die Beziehung zu mir, seinem Geschöpf.

5. Ich habe bei Gott einen Namen. Ich bin kein No-Name und auch keine Zahl. Ich bin eine Person, welche sich ausdrücken kann, darf und soll.

6. Gottes Absicht ist es von grundauf mir ein gutes Leben und Segnungen in Seiner Gegenwart zu geben. Das beinhaltet auch, dass er alles vorsorglich im Voraus gestaltet.

7. Bei Ihm habe ich eine Heimat, welche mehr aufzubieten hat, als das, was die Welt mir bieten kann.

8. Ich habe Gaben und Fähigkeiten und Talente bekommen, die andere nicht haben. Ich bin einzigartig und besonders.

9. Ich stehe nicht allein da. Ich habe den Heiligen Geist zur Verfügung, der mir Kraft, Weisheit, Ratgeber und Offenbarer ist.

10. Mir stehen durch den Heiligen Geist übernatürliche Gaben zur Verfügung.

11. Es gibt einen Weg für mich den Gott für mich vorbereitet hat. Dieser ist gut und wird für mich gut sein, soweit ich den Weg akzeptiere und begehe.

12. Dadurch, dass ich eine neue Schöpfung in Christus bin, ist es mir nicht nur möglich meine alten negativen Charaktereigenschaften abzulegen und nicht mehr länger unter ihnen geknechtet zu sein und darunter zu leiden; Nein, ich habe nun die Möglichkeit die neuen positiven Charaktereigenschaften anzunehmen, mich an ihnen zu freuen und so nicht nur selber ein gesegnetes Leben zu haben sondern auch andere zu segnen. Und all das Gesagte ist kein Märchen sondern, es entspricht Gottes Wahrheit. Wer wollte da nicht sagen „Gott, Vater im Himmel, zeige mir meine Identität, die ich in und bei Dir habe.Daher lass uns auf den spannenden Weg neuer Freisetzung von eingefahrenen Mustern und Lügen vorwärts schauen, auf das, was Du für mich hast und bist!"

Folgende Quellen wurden zu Hilfe genommen:

- Elbiwin: Lexikon und Revidierte Elberfelder Übersetzung (PC-Programm)

- Ein Dank an Achim Kreuzer von I AM Design & Communication GmbH für die Hilfe bei der Covergestaltung

Sven Zakrzewski

Das (un-) bekannte Reich Gottes: Vom Beginn bis Samuel

Broschiert, 180 Seiten

ISBN 978-3735719942

Sven Zakrzewski

Das (un-) bekannte Reich Gottes: Vom Königtum Israel bis

Johannes der Täufer

Broschiert, 198 Seiten

ISBN 978-3837098129